NEXT GENERATION MARKETING'İN ŞİFRELERİ

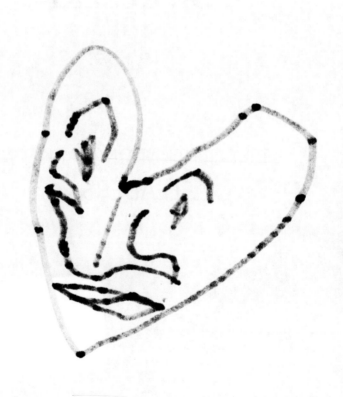

NEXT GENERATION MARKETING'İN ŞİFRELERİ

NEXT GENERATION MARKETING
LEADERS

BEYAZ YAYINLARI

Beyaz Yayınları: 307
Sertifika No: 40203

Next Generation Marketing'in Şifreleri
Next Generation Marketing Leaders

© 2019 Beyaz Yayınları

Bu kitabın tüm Türkçe yayın hakları **Beyaz Yayınları**'na aittir. Yayınevimizden yazılı izin alınmadan kısmen veya tamamen alıntı yapılamaz, hiçbir şekilde kopya edilemez, çoğaltılamaz ve yayınlanamaz.

Genel Yayın Yönetmeni: Ali Pınarbaşı
Dizgi ve Baskı Öncesi Hazırlık: Onur Yönder
Kapak Tasarımı: Anastasia Pozdeeva & Onur Yönder

Baskı ve Cilt: Güven Mücellit ve Matbaacılık Ltd.
Güven İş Merkezi, No: 6 Bağcılar, İstanbul
Matbaa Sertifika No: 11935

1. - 20. Basım: 2015 - 2019/İstanbul
21. Basım: Mart 2020
ISBN: 978-975-599-246-4

Yayın ve Dağıtım:
BEYAZ YAYINLARI
Çatalçeşme Sok. Yücer Han, No: 38, Kat: 2
34110 Cağaloğlu/İSTANBUL
Tel: (0212) 522 38 68 Faks: (0212) 522 38 70
www.beyazyayinlari.com • beyazyayinlari1997@gmail.com

İÇİNDEKİLER

- 1. BÖLÜM : UYANIN ARTIK, HAYAT KAÇIYOR! — 01
- 2. BÖLÜM : YAŞAMAK İÇİN PARA KAZANMAK AMA NASIL? — 05
- 3. BÖLÜM : ZENGİN OLMAK İSTEYENLERİ GÖREBİLİR MİYİZ? — 10
- 4. BÖLÜM : DÜNYA KURULDUĞUNDAN BERİ TİCARET NEDEN VAR? — 13
- 5. BÖLÜM : İNSANLAR NEDEN NETWORK MARKETING YAPARLAR? — 18
- 6. BÖLÜM : NETWORK MARKETING SEKTÖRÜNDE ÇALIŞANLARIN %95'İ NEDEN BAŞARISIZ OLUYORLAR? — 21
- 7. BÖLÜM : NEXT GENERATION MARKETING NASIL ORTAYA ÇIKTI? — 24
- 8. BÖLÜM : KYÄNI: NEXT GENERATION MARKETING SEKTÖRÜNÜN İLK FİRMASI — 27
- 9. BÖLÜM : NEXT GENERATION MARKETING'DEKİ FELSEFE FARKLARI — 29
- 10. BÖLÜM: WELLNESS SIMPLIFIED (BASİTLEŞTİRİLMİŞ SAĞLIKLI YAŞAM) — 32
- 11. BÖLÜM: İNSAN TARAMA PROGRAMI AMA KİMİN İÇİN? — 35
- 12. BÖLÜM: NEDEN GLOBAL BİR İŞE SAHİP OLMAK BİR AYRICALIKTIR? — 39
- 13. BÖLÜM: SÜREKLİ PASİF GELİR GETİREN BİR İŞİ KURMAK NEDEN ÇOK ÖNEMLİ? — 41
- 14. BÖLÜM: SÜREKLİ YENİ İNSAN BULMADAN, DÜNYA ÇAPINDA BİR SATIŞ - PAZARLAMA AĞI KURULUR MU? — 45
- 15. BÖLÜM: 13 BAĞIMSIZ GELİR KAPISINDAN AYRI AYRI GELİR KAZANMAK NEDEN ÖNEMLİ? — 49
- 16. BÖLÜM: İŞE YENİ BAŞLAYAN KİŞİLERİN HIZLA PARA KAZANMASI NELERİ DEĞİŞTİRİR? — 55
- 17. BÖLÜM: SPONSOR HATTI NEDEN ÇOK ÖNEMLİDİR? — 59
- 18. BÖLÜM: BİR SATIŞ VE PAZARLAMA FİRMASI KURUYORSANIZ, EN KOLAY SATIŞ YAPMA YOLU NEDİR? — 61
- 19. BÖLÜM: NETWORK MARKETING "İNSANLARIN İNSANLARA ÖĞRETTİĞİ BİR TİCARET SİSTEMİDİR." — 65
- 20. BÖLÜM: HERKESİ OTOMATİK EĞİTEN, MOTİVE EDEN VE ÇALIŞTIRAN BİR SİSTEM İLE ÇALIŞMANIN ÖNEMİ — 67
- 21. BÖLÜM: KYÄNI'DE NASIL ÇALIŞACAKSINIZ? — 71
- 22. BÖLÜM: KARAR? — 74

YAZARLARDAN "KISSADAN HİSSE"

Bu kitap, ÖNYARGILARDAN KURTULUP hayatını DEĞİŞTİRMEK isteyen kişiler için yazılmıştır.

Her insan kendi hayatını, kendi seçimleri ile kendisi dizayn eder. Ama birçok insan bunun FARKINDA DEĞİLDİR.

Bugün yaşadığımız hayatı yıllardır yaptığımız seçimlerle biz meydana getirdik.

Eğer GELECEKTEKİ HAYATIMIZI, değiştirmek istiyorsak BUGÜNDEN BAŞLAMAMIZ lazım.

Buna Cesaretiniz var mı?

Bu soruya EVET diyebiliyorsanız, bu kitap sizlere seçimlerinizi masaya koymak ve en doğrusunu seçmek için çok yardımcı olacaktır.

HATIRLAYIN:
Bu sizin hayatınız ve MUTLU olmadığınız bir hayatı yaşamak zorunda DEĞİLSİNİZ!

Dünya'daki her şey bu kadar HIZLA DEĞİŞİRKEN, siz de buna ayak uydurun. YEPYENİ fikirlere kapılarınızı açın ve KORKUSUZCA GERÇEKLERLE yüzleşin.

Değişin ve MUTLU bir İNSAN olun!

NEXT GENERATION MARKETING LEADERS

BÖLÜM 1:

UYANIN ARTIK, HAYAT KAÇIYOR!

Bir an için durun ve uzun zamandır yapmadığınız bir şey yapın: **"UYANIN!"**

Doğdunuz, büyüdünüz, yaşlanacak ve öleceksiniz! Gerçekten bu hayat yolculuğunu İSTEDİĞİNİZ ŞEKİLDE YAŞAYARAK geçirebilecek misiniz?

İnsanlar 7 yaşından itibaren, okullarda özel olarak eğitilirler. Siz de bu süreçten geçtiniz. Eminim sizlere harika eğitimler verdiler.

- Hayal kurmanın önemini ve hayal kurmayı öğrendiniz! ☺
- Hayallerinize ulaşmak için cesur ve kararlı olmayı öğrendiniz! ☺
- Zengin olmak için eğitildiniz! ☺
- Zenginliğin formülünü öğrendiniz! ☺
- Zengin ve Özgür bir hayatınız olması için her türlü altyapıyı aldınız! ☺
- Size bağımsız ve özgür bir hayat kurmanız için tüm püf noktaları öğrettiler! ☺
- Hayatınızdan memnun değilseniz, bunu kolaylıkla değiştirebileceğinizi öğrendiniz! ☺
- Hayatınızı sadece kendi istediğiniz ve hayal ettiğiniz şekilde yaşamanın önemini ve püf noktalarını öğrendiniz! ☺
- Hayatınız boyunca yaratacağınız tüm servetinizi çocuklarınıza bırakarak onların sizden daha iyi yaşamalarını sağlamayı öğrendiniz! ☺
- Zenginlik içinde, özgür ve sağlıklı olarak yaşamanın tüm sırlarını öğrendiniz! ☺

HAYIRDIR?
YOKSA SİZE BUNLARI ÖĞRETMEDİLER Mİ?

Yani hayatınız boyunca hiçbir öğretmeniniz tahtaya ZENGİN-LİĞİN FORMÜLÜ eşittir diyerek, size bu formülü öğretmedi mi? Artık UYANABİLİRSİNİZ! Biraz önce gördüğünüz maddeleri öğrenmiş olsaydınız, şu anda bambaşka bir hayatınız olurdu.

Tabii ki, yukarıda yazılan hiçbir şeyi öğretmediler; çünkü bunları öğrenmiş olsaydınız sistemin içinde, patronlar için çalışan küçük parçalar olmazdınız ve tüm dünyada kurulmuş "MODERN KÖLELİK SİSTEMİ" ÇÖKERDİ.

İnsanlar ÖZGÜRLÜKLERİNİ, maaş karşılığında patronlarına satarak, kendi hayalleri için yaşamayı bırakıp PATRONLARIN HAYALLERİNİ GERÇEKLEŞTİRMEK için yaşıyorlar.

Nereden mi biliyorum? Ben sadece 6 ay hayallerimden vazgeçerek bu sisteme hizmet ettim. Sonra da PATRON oldum ve yıllarca yüzlerce insan hayallerinden vazgeçerek benim hayallerim için çalıştı.

> **Bu sistemin içinde bence her iki taraf için de MUTLULUK YOK.**
> **Çünkü bir grup istemediği hayatları yaşadıkları için, patronlar da aşırı stresten dolayı MUTSUZLAR.**

Ben bunu 2001 yılında keşfettim ve kaçacak güvenli bir yer aradım. İlk durağım NETWORK MARKETING sektörü oldu. Orada HİÇ RİSKE girmeden çok iyi paralar kazandım.

Ama bir gün acı gerçekle yüzleştim. Benim çok para kazanmam için birçok kişinin sıkıntı yaşadığını, para kaybettiklerini ve mutsuz olduklarını görmüştüm. Birçok kişinin hala anlam veremediği radikal bir kararla Ayda 50.000 $'dan fazla kazanırken bu sektöre "bye bye" / "hoşçakal" dedim.

İlk önce kimsenin yapmadığı şeyi yapıp herkesin mutlu olduğu firmayı kurmak istedim. Ama bu iş boyumu aştı ve çok pahalı, yani çok değerli bir ders aldım.

Sonrasında, insanlara danışmanlık yaparak onlara yardım edebileceğimi düşündüm. Ama firmaların bakış açıları öncelikli olarak kendi karlılıkları olunca, benim yaptığım yardımlar bir yerden sonra yetersiz kaldı.

Sonuç olarak 25 yıllık iş hayatımda, herkesin çok kazanacağı ya da herkesin çok mutlu olacağı bir iş modeli olmadığını öğrendim. Her şeyden önce insanlar kendi kazançlarını kendi seçimleri ve eforları ile kendileri belirliyorlardı. Bunu hiçbir firma değiştiremezdi.

> **İNSANLARA HİÇ ZARAR VERMEDEN,**
> **ONLARA EŞİT ŞANS SUNAN bir firma olsa...**
> **Bu kulağa çok hoş geliyor değil mi?**

Ben hep çok şanslıyımdır. Dünyada belki de bu felsefe ile kurulmuş 3 - 5 tane firma vardır. Bunlardan bir tanesi beni 2012 yılı ekim ayında buldu. ☺

İşte, bu kitap bu firmanın tüm dünyaya öğretmek istediği ticaret modeli ile ilgili. Bu firma dünyada yepyeni bir sektör açtı ve gelecekte birçok firma bu sektörde yerini alacak.

NEXT GENERATION MARKETING.
Yani YENİ NESİL PAZARLAMA.

BÖLÜM 2:

YAŞAMAK İÇİN PARA KAZANMAK AMA NASIL?

Hayatımızın bir gerçeği var: "Yaşamak için para kazanmak zorundayız." Para bir araç ve bize hayatımızı renklendirme şansı veriyor.

Bize yıllarca öğretilen sisteme geri dönelim:

"Maaşlı, sosyal güvenceli bir iş güvenilirdir."

İlk önce bu yalanı hemen yok edelim. İyi maaş aldığınız bir işiniz varsa iyi para kazanıyorsunuzdur ve iyi bir hayat için de birçok harcama yaparsınız ve borçlanırsınız. Ev, araba, şahıs kredileri ve taksitli satışlar da bunun için vardır. Borçlandıkça başka hiçbir şey düşünemez hale gelirsiniz ve sadece sistem için sesinizi çıkartmadan çalışırsınız.

SEBEBİ HİÇ ÖNEMLİ DEĞİL, "Sizi Kovdular" ☹

Ne oldu? Hani maaşlı hayat güvenli idi? Çevrenize bir bakın, bu senaryodan dolayı borç batağına düşmüş birçok kişi bulacaksınız.

İşte bu yüzden birçok kişi kendi işini yapmak ister.

Tüm varını yoğunu ortaya koyarak ve hatta krediler alarak SERMAYE yapar ve KENDİ İŞİNE başlar.

Bundan 8 ay önce yapılan bir istatistik çalışması diyor ki, yeni kurulan şirketlerin sadece %18'i üçüncü yılında hala işe devam ediyor.

> **Farkında mısınız?**
> Dünya'daki yeni ekonomik düzen nasıl işliyor?
> %82'si batacak ve sisteme para bağışlayacak ki, diğer %18 ve eskiler yaşasın! Aslında dünyada artık ekonomiler, batan paralar üzerinde işliyor. Bu sayede küçükler yok olurken, büyükler ayakta kalabiliyorlar.

Ne zamana kadar?

İşte bu soru çok ilginç; çünkü cevabını kimse bilmiyor! ☺ Dünyada, bir sonraki krizin ne zaman ve hangi yönden geleceğini bilen sadece bir avuç insan var. Diğerleri ise her gece korkuyla yataklarına gidiyorlar. İlk 5 yıl sonunda ayakta kalan firma sayısı %3 ila %8 arasında değişiyor.

Tüm krizleri ve zorlukları aşınca artık huzur var mı? Ne yazık ki yok; çünkü patronlar yaşlanıyor. Yeni nesillerle ve değişimler ile boğuşamıyorlar. Yoruluyorlar, hastalanıyorlar veya ölüyorlar. Sonuçta kurumsallaşamayan aile şirketleri ikinci nesli pek göremiyor.

Bir de bu süreç içinde yaşanacak inişler, çıkışlar ve stresleri düşünecek olursak aslında birçok kişi kendi işimi kurayım derken, dünya üzerinde kendi CEHENNEMİNİ yaratıyor.

Network marketing tüm bunlara güçlü bir alternatif gibi görünse de, çalışırken birçok sıkıntıyı beraberinde getirebiliyor. Bu sektörü kitap boyunca çok detaylı inceleyeceğimiz için şimdilik bir kenara koyalım.

Peki, NEXT GENERATION MARKETING tüm bunlara çözüm olabilir mi?

GELİN BAKIŞ AÇIMIZI SADELEŞTİRELİM...

Sorumuz şu: "İdeal bir iş nasıl olmalı?"

Bu soruya gerçekçi ama sistem dışı cevaplar vermeye çalışalım.

- Küçücük bir sermaye koyarak, HİÇ RİSK taşımadan çalışmalıyım.
- Şirket ile kontratım ÖMÜR BOYU olmalı.
- Global bir işim olmalı.
- Koyduğum efora karşı iyi para kazanmalıyım.
- İyi bir arabam olmalı, bunu da ömür boyu şirket finanse etmeli.

- İkramiyelerim olmalı ve bu ikramiyeler beni zenginleştirmeli.
- Şirketim beni ve eşimi sık sık bedava dünyayı gezmeye götürmeli.
- SIRADIŞI bir EMEKLİLİK programım olmalı. Emeklilikte gelirim düşmemeli, tam tersine artmalı.
- Bir de, bir süre çalıştıktan sonra, artık daha az çalışarak daha iyi para kazanmalıyım. Hatta bir süre sonra canım istediği zaman çalışmalı, istemiyorsam çalışmamalıyım ama SIRADIŞI gelirim sürekli gelmeye devam etmeli.
- Bunları yaparken aynı zamanda sağlıklı, enerjik ve mutlu olmalıyım.
- Tüm bu imkanlar sadece bana değil, ekibimdeki herkese de sağlanmalı.

Şimdi arkanıza yaslanın ve yukarıdaki satırları tekrar okuyun. Kesinlikle 2 farklı tepki oluşacaktır. Hala klasik sistemin bakış açısından kurtulamayan kişiler, "HAYDİ CANIM ORADAN..! DALGA MI GEÇİYORSUNUZ!?" diyecekler.

Dünya'daki değişimlere adapte olabilen bir grup ise, yukarıda yazanlara bakıp "İşte insanları %100 mutlu edecek tek iş modeli" diyecekler.

Günümüzde ve geleceğin dünyasında iletişim bu kadar hızla artarken, bilinçlenen insanlar yukarıdaki iş modelinin arayışına girecekler. Bazılarımız farkında değiliz ama belki de uzun süredir bu iş modelini arıyoruz.

İşte bu model: NEXT GENERATION MARKETING'dir.

Bu yeni sektör insanlara her türlü ÖZGÜRLÜĞÜ veriyor. Örneğin ben, şu anda bu kitabı 21 günlük bir Brezilya tatilinde, bir hamakta yazıyorum. ☺ Hem de işim ve kazancım ile ilgili hiçbir kaygı duymadan.

BREZİLYA'DAN ÖĞRETİ

> Buraya sağlığını kazanmaya gelen kişilere önerilen ilk şey: "Eğer yaşadığın hayattan memnun değilsen mutlaka hayatını değiştirmelisin. Çünkü SEVMEDİĞİN bir hayatı yaşıyorsan, kesinlikle SAĞLIĞINI KAYBEDERSİN."
> Herkese önerilen ilk değişim ise çalıştıkları işlerini değiştirmeleri.

HATIRLAYIN: İnsanlar mutsuz oldukları işlerde her gün para kazanmaya çalışırken, karşılığında SAĞLIKLARINI kaybediyorlar. Para ve sağlık değiş tokuşu?!

Hayat akıp gidiyor; birçok insan yaşamadan ölecek. YA SİZ?

BÖLÜM 3:

ZENGİN OLMAK İSTEYENLERİ GÖREBİLİR MİYİZ?

Haydi, gelin konumuzu daha keyifli ve heyecan verici bir noktaya taşıyalım. Konumuz ZENGİN OLMAK!

Herhalde insanlar arasında DÜRÜST ve KORKULARDAN arınmış bir araştırma yapılsa, insanların en az %90'ı zengin olmayı ve maddi sıkıntı hissetmeden yaşamayı ister.

Peki, herkes ZENGİNLİĞİ bu kadar çok isterken neden insanların sadece %3'ü zengin? Bunun çok net bir cevabı size soracağım şu soruda gizli:

"Madem zengin olmak istiyorsunuz, bugüne kadar zenginlik konusunda ne kadar ders çalıştınız?" Suratınız asıldı değil mi? Çünkü birçok kişi zenginliği sadece hayal eder ama zengin olmak için ders çalışmaz! ☺

HADİ GELİN BİRAZ DERS ÇALIŞALIM. ☺
İlk önce ZENGİNLİĞİN TARİFİ ile işe başlayalım.

> "ZENGİNLİK, hayatında istediğin her şeyi yapacak kadar PARA ve ZAMANA sahip olmaktır."

Dikkat edin, para kazanmak işi çözmüyor. Öyle bir para kazanma mekaniğiniz olacak ki, istediğiniz kadar zamanınız da olacak.

Aslında yaşarken bazen ZENGİN insanlara rastlarsınız. Genelde çok az çalışırlar; hatta hiç çalışmazlar. Ama yazın 3 ay yatta tatil yaparlar, kışın 3 ay kayaktadırlar. Bu değirmenin suyu nereden gelir?

Bu kişiler zenginliğin formülünü öğrenmiş ve hayatlarına uygulamışlardır.

Peki Zenginliğin Formülü NEDİR?

> Maaşlı bir iş ile ya da şahsen çalıştığınız kendi işiniz ile ASLA zengin olamazsınız.
> ZENGİNLİĞİN FORMÜLÜ:
> Öyle bir iş kurmalısınız ki, bu iş bir süre sonra
> SİZDEN BAĞIMSIZ BÜYÜMELİ.
> Siz çalışsanız da, çalışmasanız da
> SİZE (ARTAN) PASİF GELİR GETİRMELİ.

Şimdi bu formüle uygun işler neler? Bir düşünelim...

Otel, okul, spor kulübü, franchising zinciri sahibi olmak, kiralanacak değerli mülklere sahip olmak... Bunların hepsi zenginlik formülü ama bazı gerçekleri anlamak lazım.

1. Tüm bunları yapabilmek için CİDDİ SERMAYENİZİN olması lazım.
2. Risk almanız lazım.
3. Bunları elde edebilmek için çok doğru ilişkilerinizin olması lazım.

Sizde bunlar var mı? Eğer cevabınız hayır ise
'NEXT GENERATION MARKETING'i
çok iyi anlamaya çalışmanızı öneririm.

Hayatını değiştirmek isteyen herkes için, sadece küçücük bir sermaye ile size "Ömür Boyu" sıra dışı gelir getirecek bir işi kurabilmenin şu anda en güvenilir yolu NEXT GENERATION MARKETING'dir.

Her sayfayı okudukça, bunu çok daha iyi anlayacaksınız.

BÖLÜM 4:

DÜNYA KURULDUĞUNDAN BERİ TİCARET NEDEN VAR?

Biraz önce paranın hayatı yaşamak için bir araç olduğundan bahsettik. Zenginliğin formülünü öğrendik. Peki, tüm bunlar nasıl olacak? Tabii ki ticaret ile. Dünyanın en eski mesleğinin yeni şekillerini öğreneceğiz ve TÜCCAR olacağız. Şimdi ki sorumuz şu:

"Ticaret Neden Yapılır?"

> Herhangi bir mal veya hizmetin maliyetinin üzerine kar koyup bunu insanlara satarak, KATMA DEĞER YARATMAK için ticaret yapılır. Aradaki karlar da, hak edenler arasında paylaşılır.

Yani ticaret, aslında parayı katlamak için bir yöntem. Bunun için de ya bir hizmet ya da bir ürün araç olarak kullanılıyor. Bu yüzyıllardır değişmeyen ticaretin kuralı. Peki, değişen ne? Teknikler ve dinamikler. ☺

Birçok insanın takip edemediği ya da anlayamadığı konu burası: "Değişen teknikler ve dinamikler".

Dünya'daki TİCARET SİSTEMLERİNE bir göz atalım.

PERAKENDECİLİK: En eski, en çok sevilen model bu. Çünkü ürünler mağazalarda, raflarda sergilenir ve sen gidip neye ihtiyacın varsa raftan onu alıp evine gidersin. Genelde ürün satışında çok iyi çalışan bir sistem ve üretilen katma değer; ÜRETİCİ – İTHALATÇI – REKLAMCI – TOPTANCI - PERAKENDECİ zincirinde paylaşılır.

İNTERNET TİCARETİ: Bu ise dünyadaki en yeni yöntem. Çünkü evinde otururken sana fiyat avantajı ve ulaşım kolaylığı ile beraber ürün ve hizmeti satın alma şansı verir. Alıcı için her şey çok hızlı, zahmetsiz ve pratiktir. Buradaki katma değer: ÜRETİCİ – İTHALATÇI – İNTERNET SİTESİ arasında paylaşılır.

Dikkat edin! Her iki ticaret siteminde de biz kendi isteğimizle alışveriş yapmamıza rağmen bambaşka dinamikler işler. PERAKENDECİLİKTE depolar, mağazalar, mağazalarda çalışanlar vardır. İNTERNET TİCARETİNDE ise sadece ana depodan malı alıp müşteriye kargo ile malı yollamak vardır. Yani dinamikler bambaşkadır.

TELE – MARKETING: İsmi üzerinde, ofislerde çalışan kişiler sizi arayarak bir şeyler satmak için sizi ikna etmeye çalışırlar. Burada ise depo ve mağaza yoktur. Oluşan katma değer, ÜRETİCİ – İTHALATÇI – TELE MARKETING şirketinde çalışanlar ve patron arasında paylaşılır.

TV – MARKETING: Televizyondan satışta ise durum çok farklıdır. Burada ürün ile yapılan tanıtımı izlersiniz. Eğer almak isterseniz siz telefon edersiniz ve sipariş verirsiniz. Siparişiniz kargo ile size ulaşır. Burada üretilen katma değer, ÜRETİCİ – İTHALATÇI – TELEVİZYON KANALI arasında paylaşılır.

DOĞRUDAN SATIŞ: Sizden alınan bir randevu sonrasında bir satıcı evinize ya da işyerinize gelir ve size mal ya da hizmet satmak için tanıtım yapar. Satıcıyı ve ürünü severseniz satın alırsınız. Şirket, ürününüzü istediğiniz yere teslim eder. Burada üretilen katma değer ise ÜRETİCİ – İTHALATÇI – SATIŞ MÜDÜRLERİ – SATICI arasında paylaşılır.

NETWORK MARKETING: "Bana çok iyi geldi, sen de kullan"; "benim pisliğimi çok iyi temizledi, sen de al, seninkini de temizlesin" tarzında, insanların insanlara tavsiye ederek sattıkları ürün ya da hizmetlerdir. Burada ürünü almak istediğinizde alışverişinizi arkadaşınız ile yaparsınız. Üretilen katma değer, ÜRETİCİ FİRMA — DİSTRİBÜTÖRLER arasında paylaşılmaktadır.

ÖNEMLİ NOT: Kötü niyetli insanların kayda değer bir ürün olmadan kurdukları bazı yapılar, NETWORK MARKETING ile karıştırılmakta ve bu sektöre hiç hak etmediği yakıştırmalar yapılmaktadır. Bunu ayırt ederek sektördeki yüzlerce doğru ve dürüst firmaya bu kötü örneklerden dolayı haksızlık etmemek lazım.

Şimdi dikkatle okuyun lütfen.

> Yapılan ticaretin sistemi ne olursa olsun, teknikler ve dinamikler ne kadar farklı olursa olsun, tek bir amaç vardır. O da KATMA DEĞER YARATMAK. Sonuçta dikkatle bakarsanız, her teknikte bu katma değer, birçok kişi tarafından paylaşılmaktadır. Tüm bu sistemlerde işi büyütmek için tek bir yöntem vardır: ADAM BULMAK. Çünkü işler büyüdükçe, işleri yapacak İŞGÜCÜNE ihtiyaç doğacaktır. İşte bu yüzden tüm büyük firmalar, DOĞRU adamları bulmaya konsantre olmuşlardır ve İNSAN KAYNAKLARI sektörü de bu yüzden ortaya çıkmıştır.

Peki ya NEXT GENERATION MARKETING? Artık bu sektörü tanımaya hazır mısınız?

Daha değil! Çünkü ilk önce "milyonlarca insan neden yoldan çıktı?" "Neden NETWORK MARKETING sektörü her yıl katlanarak büyüyor?" bunu çok iyi anlamalıyız.

NETWORK MARKETING SEKTÖRÜNÜN YÜKSELİŞİ

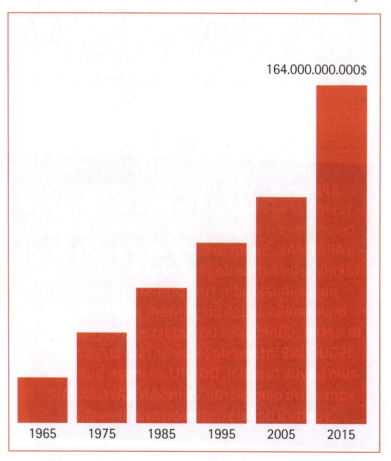

BÖLÜM 5:

İNSANLAR NEDEN NETWORK MARKETING YAPARLAR?

Yaklaşık 65 yıldır her yıl büyüyen bir endüstriden bahsedeceğiz. Yukarıdaki ticaret sistemleri arasında en sansasyonel olanını masaya yatıracağız. Tüm dünyada 164 milyar dolarlık bir ticaretten ve bu ticaretin içinde heyecanla çalışan milyonlarca insandan bahsedeceğiz.

Ama ilk önce durup bu sektörü hiç bilmeyen birçok kişinin beynine sokulmuş YANLIŞ ÖN YARGILARA bir bakalım.

- "Kolay para kazanma kandırmacası",
- "İnsanların insanları kullandığı yer",
- "Kimsenin doğru düzgün para kazanmadığı işler",
- "Saadet zinciri",
- "Piramit Sistem"...

Bunların hepsi bu sektörün büyümesini DEHŞET içinde seyreden ve bunu yavaşlatmaya çalışan kişilerin yaydığı şeylerdir. Çünkü DÜRÜST ÇALIŞAN yüzlerce firma için, yukarıdaki hiçbir şey KESİNLİKLE DOĞRU DEĞİL!

Bir an için arkanıza yaslanın ve en geniş ve objektif bakış açınızla NETWORK MARKETING sektörüne bir bakın.

> Gerçekten tüm dünyada 300.000.000'dan fazla APTAL bir araya gelmiş ve NETWORK MARKETING için birbirlerini kandırıyor olabilirler mi?

Bu sorunun cevabı tabii ki HAYIR! ☺ Peki, bu kadar insanı bir arada toplayan temel fikir ne?

> Tabii ki, bu sektörün içindeki KATLAMA mantığı ile insanların kendilerine bir ZAMAN KALDIRACI yaratma isteği.

Yepyeni bir kavramımız var: "ZAMAN KALDIRACI"

Herkesin her gün çalışmak için ortalama 8 ila 10 saati var. Peki, İŞVERENLER ne yapıyorlar? İnsanlara maaş vererek kendilerinin asla yetişemeyeceği günde 300 - 1.000 - 20.000 saate kavuşuyorlar. İşte bunun ismi ZAMAN KALDIRACI.

Peki, NETWORK MARKETING'de zaman kaldıracı nasıl işliyor? Çok basit! Aynı perakendecilikte büyümek isteyen firmaların BAYİLİK verme mantığı ile işliyor. Siz ne kadar çok insanı şirketinize kazandırır ve ticaret yapmalarını sağlarsanız, o kadar çok insanın eforundan para kazanırsınız.

Yani NETWORK MARKETING, insanların, insanlara öğrettiği bir ticaret sistemidir.

İşte MİLYONLARCA insan bu yüzden bu sektördeler ve her geçen gün de bu sayı artacak. Hatta başta benim de yaşadığım gibi, bu sektöre yukarıdaki tüm önyargıları besleyen kişiler de GERÇEKLERİ görecekler ve bu sektörde yerlerini alacaklar.

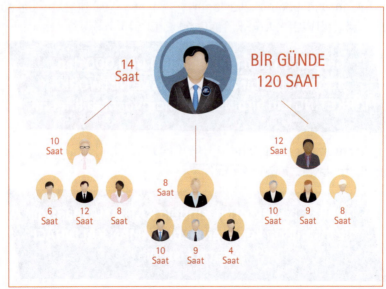

BÖLÜM 6:

NETWORK MARKETING SEKTÖRÜNDE ÇALIŞANLARIN %95'i NEDEN BAŞARISIZ OLUYORLAR?

Gerçek 1: Dünyadaki tüm diğer ticaret sistemlerine baktığınızda aslında başarısızlık oranı pek de farklı değil. Hatırlayın, yeni kurulan firmaların ilk 5 yıl sonunda ortalama %5'i ayakta kalabiliyor.

Gerçek 2: Her firmada, çalışan herkes çok para kazanıyor mu? Herkes genel müdür veya CEO olabiliyor mu? Tabii ki HAYIR.

Gerçek 3: İş hayatında maaşlı çalışanlar ya da patronlar, hiç firma değiştirmeden yıllarca aynı işi mi yapıyorlar? Tabii ki HAYIR.

Şimdi bu gerçekler doğrultusunda NETWORK MARKETING Sektörü'ne bakınca, diğer ticari sistemlerden bir farkı yok ki. ☺

Bu sektörde insanların başarısız olmalarının sebeplerine bakacak olursak:

- Birçok kişi işini ciddiye almıyor. Eğitimler alarak gelişmek yerine sadece içgüdüleri ile etrafa SALDIRIYORLAR.
- Şirketlerini, ürünlerini ve kazançları ABARTIYORLAR.
- İşe yeni ortak alırken işi KOLAY gösteriyorlar.
- Çalıştıkları iş ortaklarına YALANLAR söylüyorlar.
- Bir sistem içinde çalışmak yerine, her şeyi KENDİLERİ YAPMAYA çalışıyorlar.
- Bu işin, aynı diğer işlerdeki gibi SÜREKLİLİK gerektirdiğini anlayamıyorlar.
- SABIRSIZ davranıyorlar. Oysa ki, her işte olduğu gibi bu sektörde de gerçek başarıların altında uzun süre harcanan ALINTERİ var.
- ....

Peki, tüm bu hataları, insanlar bilerek ya da bilmeyerek yaparken FİRMALAR da hatalar yapıyorlar mı? Tabii ki! ☺

- Bir an önce KAR ETMEK isteyen firmalar, çalışanlarına az para ödüyorlar.

- Kurallar ile insanların ürettiği ciroları kırparak, sadece bir kısmından para ödüyorlar.
- İnsanları sürekli mal almak zorunda bırakan pazarlama planları ile insanları STOĞA boğuyorlar.
- İnsanları firmalarına almak için can atıyorlar ama onları eğitmek için hiçbir şey yapmıyorlar. Tüm yükü distribütörlerin sırtına bırakıyorlar.
- Bazı firmalar, ülke ofislerini resmi olarak açmadan aylarca kaçak ve kanunlara aykırı olarak çalışıyorlar ve birçoğu asla o ülkelerde açılmıyor. Paraları toplayıp "PARDON" diyorlar ve ortadan yok oluyorlar.
- Birçoğu da hesabını iyi yapamadığı için dayanamıyor ve kapanıyorlar.
- .... Bu noktaları şunun için koyuyorum daha devamı var ama bunu kitabın ilerleyen sayfalarında bulacaksınız.

SONUÇ: Tüm bunlara rağmen, başarı oranının düşük olması bu sektörün büyümesinin önüne geçemeyecektir.

> Çünkü insanlar ZAMAN KALDIRACINA sahip olmanın, SERVET YAPMANIN bir zorunluluğu olduğunu çok iyi biliyorlar.

Şimdi NEXT GENERATION MARKETING ile tanışmanın zamanı geldi!

ŞİMDİ TÜM ÖNYARGILARINIZI BİR KENARA BIRAKIN VE BU MUHTEŞEM SEKTÖRÜN GERÇEKLERİNİ ANLAMAYA ODAKLANIN!

BÖLÜM 7:

NEXT GENERATION MARKETING (YENİ NESİL PAZARLAMA) NASIL ORTAYA ÇIKTI?

Aslında bu fikir, "Haydi, yeni bir SEKTÖR açalım!" diye ortaya çıkmadı...

2005 yılında, Amerikalı 4 işadamı bazı ürünleri pazarlamak için stratejiler ararken, içlerinden biri bunu NETWORK MARKETING ile yapmayı önerir.

Biri elini masaya vurarak benim ismim asla o saçma sistemle anılamaz der ve masadan kalkar.

İçlerinden biri diğerine "Kirk, lütfen bu sektörü bir araştır bir hafta sonra buluşalım." der.

Kirk Hansen, ilk önce sektörü ve firmaları inceler. Yüzlerce firma olduğunu zannederken binlerce firma olduğunu gördüğünde çok şaşırır. Network Marketing Sektörü'nün ne kadar çok dolar milyoneri çıkarttığını hayretler içinde keşfeder ve çok heyecanlanır. Daha sonra forum ve şikayet sitelerini taramaya başlar. Gözlerine inanamaz. Firmaların yaptığı hatalardan dolayı ve eğitime önem verilmediği için binlerce insanın nasıl mağdur olduğunu keşfeder.

Ertesi hafta toplantı başladığında herkes Kirk Hansen'ın ne söyleyeceğine odaklanmıştır.
Kirk der ki:

> "Arkadaşlar, eğer Network Marketing Sektörü'ne gireceksek, ne sattığımızdan daha önemlisi ASLA İNSANLARA ZARAR VERMEYEN, %100 DÜRÜST BİR FİRMA olmak."

İşte aslında yepyeni bir sektör sadece bu bakış üzerine kurulacaktır.

Kirk Hansen Amerika'nın çok önemli bir petrol tüccarıdır. Kardeşi Jim Hansen ile beraber, babalarından devir aldıkları işlerini devasa boyutlara taşıyarak BENZİN İSTASYONLARI, EMLAK YATIRIMLARI ve OTELCİLİKTEN sıra dışı bir servete sahip olmuşlardır.

Carl Taylor ise babasının küçücük bir çiftlikte başlattığı patates yetiştiriciliğini, devasa boyuta taşımış ve Amerika'nın en büyük 2. üreticisi olmuştur.

Peki, bu 3 iyi niyetli kişi, dünyada neyi değiştirebilirlerdi ki?

KIRK HANSEN

CARL TAYLOR

JIM HANSEN

BÖLÜM 8:

KYÄNI
NEXT GENERATION MARKETING SEKTÖRÜNÜN İLK FİRMASI

Kyäni ismini KLİNKETÇE'den alır. Eskimoların komşusu olan bu kabilede Kyäni, "Güçlü Şifa" anlamına gelir. Peki, neden böyle bir isim tercih edilmiştir? Bunu ileride çok iyi anlayacaksınız.

Keyifli bir sorum var: "Hiç para probleminiz yok ve bir futbol takımı kuracaksınız ilk olarak kimi transfer edersiniz?" Hemen 2 isim akla geliyor değil mi? Messi ya da Ronaldo.

Kuruluş döneminde, Kyäni'yi kuran kişiler çok iyi işadamları olmalarına rağmen NETWORK MARKETING sektörünü hiç bilmediklerinin farkındaydılar.

İşte bu yüzden yıllar önce 'Doğrudan Satış Derneği'ni (Direct Selling Association - DSA) kuran ve yıllarca bu dernek sayesinde dünyayı ve sektörü kuşbakışı izleyen Michael Breashers'ı Kyäni'nin başına CEO olarak getirdiler.

Michael şirkete geldiğinde sadece 2 oda ve 5 kişilik bir ekip ile çalışmaya başlar. İlk 3 yıl şirketin altyapısı için çalışırlar. Sonrası mı? Sadece 5,5 yılda 1.900.000 kişiye ulaşırlar. (Ne dersiniz bir şeyler çok iyi olmalı değil mi?)

Ve Kyäni'nin kurucuları ile Michael bu dönemde çok önemli bir karar alırlar:
"Sektörü DOMİNE EDECEKLERDİR!"

Şimdi kitabın en önemli yerlerinden birine geldik. Sizce NETWORK MARKETING sektörüne 60 yıl geç giren Kyäni, nasıl olur da bu sektörü domine edebilir? Bunun tek bir cevabı var: Sektörün KURALLARINI DEĞİŞTİRMEK! ☺

İşte kitabın devamında her sayfayı okuduğunuzda Kyäni'nin tüm ezberleri nasıl bozduğuna tanık olacaksınız.

Hazır mısınız?

BÖLÜM 9:

NEXT GENERATION MARKETING'DEKİ FELSEFE FARKLARI

İnsanlar hayatları boyunca 3 şey peşinde koşarlar. Gençken VARLIK, bir süre sonra SAĞLIK ve sonunda da HAYATIN TADINI ÇIKARTACAK ZAMAN.

Kyäni insanlara SAĞLIK – VARLIK - ZAMAN üçlüsünü bir arada vermeye karar verdi. Ama bu, düşündüğünüzden çok daha karışık bir denklemdi. Çünkü ÜÇÜNÜN bir arada olabilmesi için:

1. İnsanların çok hızlı ve tatminkar para kazanacakları bir ticaret kurulmalıydı. Bu da Kyäni için uzun bir süre kar beklentisi olmadan yatırım yapmak ve kendi karlılıklarını minimize etmek demekti.

Kyäni inanılmaz bir karar aldı; kasalarına giren paranın yaklaşık %60'ını çalışanlarına dağıtacaklardı. Bu belki de yıllarca zarar etmeyi göze almaktı. Ve Kyäni insanların VARLIK kazanmaları için bu FEDAKARLIĞI yapmaya kararlıydı.

2. İnsanlara kullandıklarında SAĞLIK verecek ürünler oluşturulmalıydı. Ama Kyäni yüzlerce ürünü olan katalog firmalarından biri olmak istemiyordu. Bu yüzden çok tanınmış 4 bilimadamını bir araya getirerek "WELLNESS SIMPLIFIED" yani "BASİTLEŞTİRİLMİŞ SAĞLIKLI YAŞAM" kavramını ortaya çıkarttılar.

3. Sıra dışı bir yaklaşımla, insanların ilk önce çok çalıştıkları, sonrasında işi kuran kişilerin daha az çalışarak daha çok para kazandığı ve sonunda işin tamamen kuran kişiden bağımsızlaştığı bir ZENGİNLİK FORMÜLÜ buldular.

Tüm bunları yaparken iki şeye odaklandılar:

> "Ne olursa olsun, çalışanlar Kyäni'den dolayı asla zarar görmesinler" ve "Her zaman %100 dürüstlük kuralı işlesin."

İşe hemen koyuldular ve tabii ki bir ticaret kurmanın temelinde yatan ÜRÜNLERE odaklandılar.

Ürünler ne olacaktı? Bu başarı için en önemli soruydu. Sonuçta ürünler Kyäni'nin elindeki en büyük güç olacaktı.

- Kullanıcılar memnun kalıp devamlı kullanmalıydılar.
- Distribütörler bu ürünleri satarken zorlanmamalıydı.
- SONUÇTA: ÜRÜNLER BENZERSİZ olmalıydı.

BÖLÜM 10:

WELLNESS SIMPLIFIED

(BASİTLEŞTİRİLMİŞ SAĞLIKLI YAŞAM)

Sektörü domine etmek için yola çıkan bir firmanın temelinin çok sağlam olması gerekir. ÜRÜNLER aslında en önemli temel taşlarıdır. Kyäni bunu bildiği için ilk iş olarak bir "Bilim Kurulu" kurar ve ticaretini çok çarpıcı ürünler ile yapmayı hedefler.

Kyäni ÇOK ÖNEMLİ BİR NOKTAYA ODAKLANIR.

Bugün insanların en hoşlanmadıkları şey İHTİYARLAMAK. Peki, vücudumuzun çökmesine sebebiyet veren temel problemleri biliyor muyuz? Tabii ki EVET.

İşte bu yüzden Kyäni, vücudumuzu ihtiyarlatan sıkıntıları yavaşlatan, ortadan kaldıran bir ürün gamı hazırlamaya karar verir. Hedef: insanların sağlıklı, enerjik ve mutlu olması için her gün düzenli kullanabilecekleri "Öğrenmesi – kullanması - ticaretini yapması kolay" ürünler sunmaktır.

(Peki, hastalar da içebilecekler miydi? Tabii ki; çünkü onların da sağlıklarına kavuşmalarına yardımcı olabilecek ürünler hazırlamayı planlamışlardı. Buradaki hassas nokta ise şu idi: Bu ürünler HERHANGİ bir hastalığın tedavisi için üretilecek ilaçlar değil, vücudun yenilenmesine yardımcı olacak ürünler olmalıydılar.)

3 yıllık aralıksız çalışma sonunda, Kyäni Bilim Kurulu ortaya 3 adet muhteşem ürün çıkartır. Kullanımı kolay, lezzetli, etkisi çok kısa zamanda hissedilen ürünler...

> **Kyani HEALTH TRIANGLE yani**
> **Kyani SAĞLIK ÜÇGENİ artık piyasadadır.**

Bu ürünlerle ilgili her türlü bilimsel veriyi de kyaniscience.com adresinde yayınlayarak, yine bu sektörde hiç yapılmayanı yaparlar.

Artık NEXT GENERATION MARKETING'in temeli hazırdır. Şimdi işin en zor kısmına gelinmiştir:

> **Çalışanlarına karşı %100 DÜRÜST olan**
> **ve ONLARA ASLA ZARAR VERMEYEN**
> **firmayı kurmak.**

Denklemin belki de en zor kısmı burasıdır. Çünkü birçok kişi, ilk baktığında Kyäni'yi bir network marketing firması zanneder.

Ben de bu hatayı yapmıştım. Bu yüzden 15 gün boyunca Kyäni'yi anlayamamıştım. Birazdan okuyacağınız her farklılık, üst üste konunca NEXT GENERATION MARKETING'i ortaya çıkartacak.

Gelin şimdi basamak basamak bu farkların nasıl yaratıldığını anlayalım...

BÖLÜM 11:

İNSAN TARAMA PROGRAMI AMA KİMİN İÇİN?

Dünyadaki tüm büyük firmalar, bir şekilde insan tarama programı kullanırlar. Herkesin büyümek için ORTAK FORMÜLÜ müşteri listeleri oluşturmaktır. Bunun için de birçok değişik teknik kullanırlar.

> **NETWORK MARKETING firmaları bunu belki de en iyi kullananlardır. AMA KENDİLERİ İÇİN!** ☺

İnsanların ilk bakışta anlayamadıkları şey budur. Network marketing sistemlerine başlayan herkes zanneder ki, kendisinin vesile olduğu tüm ticaretten para kazanacak. ☺

Bu çok büyük bir yanılgıdır. Çünkü firmalar insanları kendi ticaretlerini kurmak için kullanırlar ama koydukları kurallardan sonra, oluşan ticaretin sadece bir kısmından para öderler.

Örneğin BINARY tarzında çalışan firmalar vardır. Bu firmalar herkese sadece 2 hat açma izni verirler ve ASLA güçlü hattan para ödemezler. Bunu çeşitli söylevlerle saklamaya ve avantaj gibi göstermeye çalışırlar. "Biz DENKLİKTEN para ödüyoruz." ya da "bizde puanlarınız asla silinmez" gibi.

Bu söylevlerin hiç biri, gerçekte ticaretin güçlü olduğu hattan para alamayacağınız gerçeğini değiştirmez.

Eski model, matrix sistemlerle çalışan firmalar ise genel mantık olarak belli jenerasyonlardan sonra para ödemezler.

"İlk jenerasyonu siz oluşturdunuz, para öderiz; ikinci jenerasyon oluşurken yardımcı oldunuz, üçüncü jenerasyona da göz kulak oldunuz ama daha aşağıya ETKİNİZ OLMADI." mantığı ile çalışanların ticaretlerini kırparlar.

NEXT GENERATION MARKETING felsefesi beraberinde adalet getirir ve Dünya'da hiçbir firmanın yapmadığını yaparak, altınızda oluşan TÜM TİCARETTEN sizlere para öder. ☺

İşte Kyäni'yi çok çarpıcı yapan budur. Çünkü Kyäni sizden SADECE 3 Hat kurmanızı ister. Bu hatların hangi ülkelere ulaştığının bir önemi yoktur. Ay bittiğinde SADECE BU 3 HATTIN TOPLAM CİROSUNA bakar. Cironun nereden geldiğine bakmaz. Kim bilir, belki de gelecekteki cirolarınızın çoğunu HİÇ TANIMADIĞINIZ kişiler yapacak.

HATIRLAYIN: İnsanlar, insanları tanır, onlar da diğerlerini... İşte bu sizin için işleyecek ve size ÖMÜR BOYU para kazandıracak İNSAN TARAMA PROGRAMINIZDIR.

Peki, Kyäni NEDEN bu sıradışı ÖDEME SİSTEMİNİ seçmiştir? Çünkü siz olmasaydınız altınızdaki ticaret ASLA BAŞLAMAYACAKTI!

İşte bu gerçeği bilen Kyäni Kurucuları, en adaletli yolu seçmişler ve bu kazanç sisteminin PATENTİNİ tüm dünyada almışlardır.

Peki, bu İNSAN TARAMA PROGRAMININ bize getirdiği VİZYON nedir?

Sonuçta Kyäni işine başlayan her distribütör, kendi insan tarama programını 3 ayrı hattan başlatır. Bu hatlar gelişirken, bir çok yeni insan Kyäni ile tanışır ve bunların bir kısmı müşteri, bir kısmı da distribütör olur. Her distribütör olan kendi altındaki ticarete odaklanır ve 3 hattan ticaretini insan tarama programını kullanarak büyütür.

Ticaretin büyümesi GELİRİN ARTMASI demektir. İnsanlar para kazandıkları işlere odaklanır ve profesyonelleşirler. Bir süre sonra kurduğunuz hatlarda işi öğrenen ve ciddi paralar kazanan birçok kişi oluşacaktır. Sonuç olarak hatlarınızdaki PROFESYONELLEŞEN kişilerin sayısı ARTTIKÇA, size olan ihtiyaç AZALACAKTIR.

Bir gün geldiğinde artık daha az efor sarfederek daha fazla para kazanma döngüsüne gireceksiniz.

Bir de bakmışsınız ki, işiniz tamamen sizden BAĞIMSIZLAŞMIŞ ve ÇALIŞMASANIZ bile size PARA KAZANDIRIYOR. Aynen ROBERT KIYOSAKI'NİN anlattığı ZENGİNLİK FORMÜLÜNDE olduğu gibi. İşte Kyäni size bu İNANILMAZ, HEYECAN VERİCİ VİZYONU sunuyor.

BÖLÜM 12:

NEDEN GLOBAL BİR İŞE SAHİP OLMAK BİR AYRICALIKTIR?

Artık KOSKOCA dünyanın, KÜÇÜCÜK kaldığı bir dönemdeyiz. Hayatımıza İNTERNET girdiğinden bu yana, her gün insanların birbirleri ile iletişimleri artıyor ve hızlanıyor.

Peki, dünya hızla değişirken, mahalle esnafının artık zenginleşme, hatta ayakta kalma şansı var mı?

Artık küçük bir ofiste, 5 -10 kişilik gruplarla sektörlerin dev şirketleri ile REKABET şansınız var mı?

İnternet üzerinden her şey bu kadar indirimli satılırken, siz hala eski tatlı karlarla satış yapabilir misiniz?

Franchising sistemleri her yeri ele geçirmişken, kendi başına bu sistematikleşmiş devlerle çarpışanlar, yoksa 21. Yüzyıl'ın Don Kişotları mı?

Peki, ekonomiler, sektörler bu kadar sıkışmışken, hayatını değiştirmek isteyen insanlar ne yapacak? Artık cevabı biliyoruz:

NEXT GENERATION MARKETING. ☺

Peki, global bir iş olması Kyäni'ye ne gibi bir GÜÇ KATIYOR? Çok basit; biraz önce bahsettiğimiz insan tarama programı sizi, isteseniz de istemeseniz de birçok ülkeye taşıyacak.

"Bu konuda en iyi örneklerden biri sanırım benim. İşim 29 ayda 27 ülkeye TAŞINDI. ☺
İşin en ilginç yanı, bu ülkelerden sadece Türkiye'deki ticareti başlatanlardanım. ☺
Diğer tüm ülkeleri, benimle çalışan ortaklarım açtılar. İşte bu sayede aslında her geçen gün tüm dünyaya yayılan bir işim oldu."

Merak etmeyin, eğer başlamaya cesaretiniz varsa, bunların hepsi sizin de başınıza gelecek.

BÖLÜM 13:

SÜREKLİ PASİF GELİR GETİREN BİR İŞİ KURMAK NEDEN ÇOK ÖNEMLİ?

Bir an için şöyle bir hayal kurun: "Ailenizden size İstanbul'un en işlek yerinde bir iş hanı MİRAS kalmış ve her ay 10.000$ kira geliriniz var." Hayatınız nasıl olurdu? 10.000$ PASİF GELİR! ☺

Herhalde gelecekle ilgili hiçbir endişeniz olmazdı. Yavaş yavaş da olsa, mutlaka hem hayal ettiğiniz her şeyi yapardınız, hem de zenginleşirdiniz. Belki de ömür boyu hiç çalışma ve para stresine girmezdiniz.

İşte bu yüzden SÜREKLİ GELİR inşa etmek çok önemli. Kitabın başını hatırlarsak, ne maaşın, ne de kendi işimizin garantisi yoktu.

Peki, Kyäni'nin GARANTİSİ NE?

Bunun için yine insan tarama programına geri döneceğiz. Hatırlarsanız 3 hattan bu programı kendimiz için çalıştırmıştık

> **Kyäni de bize, bizden dolayı oluşan tüm CİROMUZDAN dolayı para ödeyecekti.**

Şimdi bir ZAMAN YOLCULUĞUNA çıkalım. İşe başlamışsınız ve 5 yıl sonra 3 hattınızdaki ayrı ayrı yürüyen insan tarama programı sizi birçok ülkeye taşımış ve sizden dolayı oluşan ticaretinizde 50.000 kişi oluşmuş. ☺

Bu insanların bazıları sabah, öğle, akşam düzenli olarak ÜRÜNLERİ KULLANIYOR.

Bazı insanlar gün içinde başkalarına SATIŞ YAPIYOR.

Bazıları da kendi işini büyütmek için yeni DİSTRİBÜTÖRLER buluyor.

Bazılarıysa hepsini birden yapıyor.

SONUÇ: Siz altınızda yapılan tüm bu ciroların toplamı üzerinden para kazanıyorsunuz!

HEM DE HİÇ RİSKE GİRMEDEN!

Ne dersiniz YETERİNCE GÜVENLİ BİR PASİF GELİR MODELİ mi?
Daha BİTMEDİ; vizyonunuzu biraz daha ileri taşımak istiyorum.
Peki, sizin altınızdaki bu kişiler kendi ticaretlerini büyütürken,
- Sizin de TİCARETİNİZİ BÜYÜTÜYORLAR mı?
- Ticaretiniz arttıkça, PASİF GELİRİNİZ de artıyor mu?

Tüm bu soruların cevabı tabii ki EVET.

Şimdi biraz düşünme zamanı. Gerçekten bu heyecan verici Kyäni İŞİNİ KURMAYA DEĞER Mİ?

Ben bu kitabı yazarken 5 yılda 1.900.000 kişi bu işi kurmayı heyecan verici bulmuştu. ☺

Ya siz? İlk yıllarınızda ciddi bir çaba ortaya koyduktan sonra, kendinizi 5 yıl, 10 yıl sonra bu resimde görebildiniz mi?

Peki, bir an için 40 yıl sonrasını hayal edin. Bu biraz zor, ama size yardımcı olmak isterim.

Artık tüm insanların odağı SAĞLIKLI YAŞAMAK. Peki, insan vücudunda çalışan sistemlerin hepsini her gün destekleyen ürünlerle, yaptığı cironun %60'ınını dağıtan Kyäni ile bu iş nereye gider?

Kyäni VİZYONU sınırsız kişilere, SINIRSIZ KARİYER ve KAZANÇ imkanı sunuyor.

Şu anda Kyäni'de en çok para kazanan kişi BECKY BURSELL ve dün akşam, internetten yaptığı bir iş sunumunun videosunu izledim. Kyäni yolculuğunu başından sonuna kadar tamamlamış biri olarak çok güzel bir hikayesi var. Sevgili Becky diyor ki:

"Kyäni'ye ilk başladığımda ben PART-TIME'dım, eşim de haftada 70 saat başka bir işteydi. Bir süre sonra Amerika'da birçok insanın 1 ayda kazandığı parayı kazanmaya başladım ve FULL - TIME oldum. Eşim hala eski işinde çalışıyordu. Bir süre sonra aylık gelirim 15.000$'ı geçmişti ve eşim işini bıraktı.

İşin ilginç tarafı gelirim hızla yükselirken iş artık benden daha az zaman istemeye başladı. Ayda 40.000$ kazanırken artık bir PART TIME'dım. Şimdi ise ayda 200.000$'ın üzerinde kazanıyorum ve sadece CANIM İSTEDİĞİNDE çalışıyorum."

Bence insanlar asla TEMBEL değiller. Hiç kimsenin çalışmakla ilgili bir sıkıntısı yok ama KARŞILIĞINI ALMAKLA ilgili sıkıntıları var.

İşte NEXT GENERATION MARKETING'in yani Kyäni'nin en sevdiğim yanı bu. Daha işe başlarken her türlü kural belli ve ne yaparsanız, ne alacaksınız, her şey bir BİLGİSAYAR PROGRAMININ denetiminde.
Yani kariyer atlamak için birine sevimli görünmek zorunda değilim. Ya da benden daha başarısız birinin benden daha fazla kazanması mümkün değil. İşe başlarken, Allah sağlıklı ve uzun ömür versin ama ben öldükten sonra bile ne olacağı belli.

Sonuçta Kyäni'de herkes ULUSLARARASI bir sözleşme ile çalışıyor ve bu sözleşme ÖMÜR BOYU.

Şimdi Kyäni'nin, NETWORK MARKETING'den belli başlı farklarını açıklığa kavuşturduğumuzu düşünüyorum. Ama daha bitmedi çünkü Kyäni gerçekten dersini çok detaylı çalışmış.

Şimdi çalışma teknikleri ile ilgili farklara geldik. Çünkü Kyäni'yi bir bütün olarak anlamak çok önemli. NEXT GENERATION MARKETING'in ana felsefesini bir kez daha hatırlayalım:

ASLA ÇALIŞANLARINA ZARAR VERMEYEN BİR FİRMA OLMAK!

BÖLÜM 14:

SÜREKLİ YENİ İNSAN BULMADAN, DÜNYA ÇAPINDA BİR SATIŞ - PAZARLAMA AĞI KURULUR MU?

Bu sektöre yıllarını vermiş birçok kişi, bu soruya KESİNLİKLE HAYIR diye cevap verecektir.

Bundan 29 ay önce ben de bunlardan biriydim. Çünkü ilk NETWORK MARKETING işimde 5 yılda tam 305 kişi bulmuştum. Tam bir ADAM AVCISIYDIM. Çünkü o firmanın kuralları beni buna zorluyordu.

İlk önce ailemi dahil ettim,
Sonra yakın arkadaşlarımı,
Sonra arkadaşlarımı,
Sonra lise arkadaşlarımı,
Sonra kartvizitlerini topladığım kişileri,
Sonra gazete ilanından gelenleri,
Sonra el ilanından gelenleri...

İnanılmazdım, her yerde herkese saldırıyordum. Artık şuurumu kaybetmiştim ve 18 yaşın üzerindeki herkese bu işi yapabilir, yapamaz demeden saldırdım.

Sonuçta artık hiçbir sosyal ortama davet edilmez olmuştum. Çok para kazanıyordum ama kariyerimi yükseltmek ve kazandığım paralarımı alabilmek için

HALA ADAM BULMAK ZORUNDAYDIM! ☹

Bu arada bu 305 kişiden sadece 25 tanesi çalışmıştı. Çünkü ben ay içinde 2 kişiyi buluyordum ve daha "OH" demeden yeni ay başlıyordu. Yeniden yeni 2 kişi bulmaya çalışıyordum ve bir ay önce bulduğum kişilerle ilgilenme şansım hiç olmuyordu. Onlara işi öğretemiyor, onları işe adapte edemiyor ve geliştiremiyordum.

> **Sadece bir KAYIT MAKİNESİ haline dönüşmüştüm.**

Kyäni bana ilk geldiğinde, tekrar bu hale gelmek istemediğim için işten uzak durdum. Ama 3 hat inşa etme mantığını anlayınca bir anda tüm bakış açım değişti. İnsan tarama programını da çok iyi anladım.

Son olarak Kyäni'nin bu sektördeki en "INNOVATIVE" kuralını görünce işi yapmak için hiçbir şüphem kalmamıştı.

Çünkü bulduğum kişileri ben, kendi stratejilerime göre, istediğim yere yerleştirebiliyordum. Buradaki en önemli yenilik, bu hareketi yaptığımda her hangi bir şekilde KARİYER ya da PARA kaybetmediğim gibi, tam tersine o kişinin cirosu herkesin üzerinden de geçerek bana geliyordu. Bu sayede, bu kişiden GELEN CİRO herkesi MOTİVE ediyordu, onların KARİYER YAPMALARINA ve PARA KAZANMALARINA yardımcı oluyordu. İşin daha da heyecan veren tarafı, benimle çalışan kişilerin geliri arttıkça, benim de GELİRİM ARTIYORDU.

Kendi kendime dedim ki:

"BU HARİKA SİSTEMDE 3 HATTI KURMAK, NE KADAR ZOR OLABİLİR ki?"

Sizlere fikir vermek için benim ne yaptığımı, işimi nasıl kurduğumu kısaca anlatmak isterim. Bu arada Kyäni'de işini doğru yapan herkesten buna benzer hikayeler duyacağınızı garanti ederim.

"İşe ilk başladığım hafta 7 kişi ile el sıkıştım ve onları 3 - 2 - 2 olarak, 3 ayrı hattıma yerleştirdim.

Sonra adam aramayı durdurdum ve 4 ay boyunca özellikle 3 kişi yerleştirdiğim hatta yoğunlaştım. Aslında onlar beni işin içine çektiler. Onlar yeni birilerini getirdi, yeni gelenler diğerlerini. 4 ay sonunda bir hattımdaki ciro aylık 250.000$'a yaklaşmıştı. Şimdi ikinci Adam Bulma ve işe adapte etme dönemim başlayacaktı.

Yine 1 haftada 7 kişi ile daha el sıkıştım ve bu kişileri diğer hatlarıma yerleştirdim. Sonra da 20 ay boyunca kimseyi bulmadım. Sadece 14 kişi ile 24 ay sonunda, 15.000 distribütörü geçen bir ticaretim vardı ve ayda 1.000.000 $ dan fazla ciro üretiyordum.

Network Marketing ile aradaki en büyük fark şu idi:
Eskiden herkese saldırıyordum.

> **Kyäni'de ise kiminle çalışacağıma ben karar veriyorum!**

Onları seçiyorum ve onları eğitmek, işe adapte etmek ve geliştirmek için istediğim kadar vaktim de var."

Onların açısından bakınca da, Kyäni onlar için de harika bir firma çünkü ASLA YALNIZ KALMIYORLAR. Onlarla gerçek bir GÖNÜL BAĞI kurmak için şansınız oluyor. Burası insanların, insanları kullandığı bir firma değil. Tam tersine herkesin inanılmaz derecede YARDIMLAŞTIĞI bir firma.

Sevgili Becky'nin Hikayesini tamamlayacak olursak, diyor ki:

> **"Şu anda aylık gelirim 200.000$'ın üzerinde ve ben bunu sadece 23 kişiyi bulup yetiştirerek yaptım."**

İşte NEXT GENERATION MARKETING'in en büyük farkı bu. Burada insanları taciz etmenize hiç gerek yok, tam tersine bu işi başarabilecek özellikteki insanları siz seçeceksiniz.

BÖLÜM 15:

13 BAĞIMSIZ GELİR KAPISINDAN AYRI AYRI GELİR KAZANMAK NEDEN ÖNEMLİ?

Bu noktada yeniden eski network marketing günlerime dönmek zorundayım. Network marketing ilk bakışta çok kolay bir iştir. KULLAN – SAT – DİSTRİBÜTÖR AĞINI BÜYÜT.
Ama uygulamada o kadar da kolay değildir. Çünkü network marketing firmaları genelde 2 etapta para dağıtırlar. Sizden ilk etapta 4 işi birden mükemmel yapmanızı isterler:

1. Satış yapmak,
2. Adam bulmak,
3. Eğitim vermek.
4. Kurduğun işi / kurduğun ekibi yönetmek.

Ve tüm bu işlerin sonucunda oluşan ticaretin şekline ve büyüklüğüne göre size bu 4 farklı eforunuzdan dolayı TEK SEFERDE para öderler.

Lütfen yukarıdaki yazan 4 maddeyi bir daha okuyun. Bu özelliklere sahip kişiler diğer sektörlerde hangi mevkilerde çalışıyorlar?
Cevap çok net: "Ya Genel Müdür ya da CEO oluyorlar."
Yani network marketing sektöründeki her 100 kişiden 95'inin BAŞARISIZ olma sebeplerinden biri de firmaların para ödeme şekli.
İkinci etaba gelince, oradaki para dağılımı liderler yetiştirmek üzerinedir. ☺

Dünyada, herhalde en zor yetişen grup LİDERLERDİR.

Dünyada gerçek anlamda lider yetiştiren kaç kurum ya da kişi var? Emin olun, bu sayı çok az. Bu yüzden bu gelir mekaniğinde SÜREKLİLİK SAĞLAMAK, network firmalarında çok zordur.
Bu yüzden insanlar, tam oldu bu iş derken sürekli yıkılan gruplarla uğraşırlar.

NEXT GENERATION MARKETING'in felsefesini tekrar hatırlayalım:
ASLA ÇALIŞAN ORTAKLARINA ZARAR VERME!

> **Peki, eğer şirket çalışanın ortaya koyduğu değişik eforları doğru ölçemezse, çalışanına zarar vermiş olmaz mı?**

Birçok kişi Kyäni ile ilk tanıştığında MATEMATİĞİN içinde boğulabilir. Lütfen bu hataya düşmeyin. SADECE gelir kapılarının mantığını çok iyi anlayın.

Kyäni bu matematiği sizin için yapmak zorunda; çünkü ALINTERİNİZİ asla karşılıksız bırakmak istemez.

Bu yüzden, birbirinden tamamen bağımsız 13 adet gelir mekaniği ile, çalışanların tüm eforlarını ayrı ayrı ölçer ve son derece adil bir şekilde kazançları dağıtır.

Kyäni'de Çalışanlar Hangi İşleri Yaparlar?

SATIŞ

Her pazarlama firmasında olduğu gibi Kyäni'de de çevrenizdeki birçok kişi, zaman içinde sizin doğal olarak müşteriniz olur. Özellikle çevresine ürün HEDİYE eden kişilerin çok daha fazla müşterisi olur. Kyäni SATIŞ konusunda 3 ayrı ödeme mekaniği ile de çalışanlarını ödüllendirir.

HIZLI BAŞLANGIÇ YAPAN KİŞİLERE ÖZEL ÖDÜLLER

Kyäni işe hızlı adapte olan kişilere çok özel promosyonlar koyar. Amaç hem düzenli, hem hızlı hem de sürekli çalışan kişiler yaratmaktır. Bu yüzden ilk başlayan kişileri motive etmek için 2 adet özel promosyonu vardır.

TAKIM KURARAK TİCARETİNİ BAŞLATMAK

Kyäni tüm dünyada hızla yayılmaktadır. Bunun sırrı, tabii ki insan tarama programıdır. Ve bunu kendisi için başlatıp takımını kuran kişilere çok özel bir sistemle ödeme yapar. Çünkü Kyäni şirkete yeni distribütör kazandırmanın ve bu kişileri şirkete adapte etmenin önemini çok iyi bilir ve bu yüzden bu eforu çok sıra dışı bir metotla ödüllendirir.

OLUŞAN TİCARETTEN DOLAYI PASİF GELİR

Kyäni'de çok kısa sürede altınızda ciddi bir ticaret oluşacaktır. Dünyada hiçbir firmada olmayan PAYGATE sistemi ile sizden dolayı başlayan ticaretinizde, aşağıdan yukarıya doğru gelerek bu ticareti oluşturan herkese özel bir kuralla pasif gelir ödemesi yapar. Çünkü Kyäni siz çok çalışsanız da, çalışmasanız da altınızdaki ticareti sizin başlattığınızı asla unutmaz.

ADAM YETİŞTİRME ÖDÜLÜ

Kyäni'de tüm kurallar YARDIMLAŞMAYI destekler. İşte Kyäni, bu mekanik ile sizinle çalışan kişilere para kazandırdığınız sürece, size düzenli ödeme yapar. Kyäni bulduğunuz kişilerin altında sağlıklı bir ticaret oluşmaya başladığı andan itibaren ömür boyu sürecek bir ödeme sistemini sizin için devreye sokar. Bu da binlerce kişinin kazandığı paralar üzerinden ömür boyu telif hakkı almak anlamına gelir.

KARİYER ATLAMA ÖDÜLLERİ

İnsanlar iş hayatında kariyer yaptıkça gelirleri ve hakları artar. Kyäni de bunu çok iyi bildiği için 2 özel ödeme mekaniği geliştirmiştir. Bunların ilki sizin kullandığınız tüm lüks arabaların ÖMÜR BOYU finansmanı ile ilgilidir. Bu program sayesinde, belli bir kariyer seviyesinden sonra ve kariyerinize göre sadece ARABA almanız için ayda 750 USD'den başlayan ve 10.000 USD'ye kadar yükselen bir parayı sizlere öder.

İkinci "Kariyer Atlama Ödülü" ise çok daha çılgındır. Çünkü toplamda 1.630.000 USD'lik bir ikramiye programı sizi beklemektedir.

Evet, DOĞRU OKUDUNUZ! ☺

Bu Kyäni'nin sizi zenginleştirmek için yaptığı ve tüm gelirlerinizin dışında bir İKRAMİYE ödemesidir.

LİDERLİK ÖDÜLLERİ

Kyäni sizin liderleştiğinizi cirolarınızın artışından takip eder. Belli bir kariyerin üzerine çıktığınızda tüm dünya cirosundan size ödeme yapmaya başlar. Bu ödemeniz kariyeriniz arttıkça, KATLANARAK ARTAR.

Bununla beraber sizi yılda 4 kez sevdiğiniz biri ile yurtdışı seyahatlerine götürür. Tüm dünyanın tadını çıkartmanıza yardımcı olur.

SADAKAT PRİMİ

Kyäni herkesin yaşlılık döneminde rahat bir hayat yaşamak istediğini bilir. Bu yüzden her çalışanı için bir birikim fonu işletir. Her yıl dolar bazında %10 artış ile bu fonu katlar ve 60 yaşına geldiğinizde bu fonda biriken paralarınızı size öder.

> Sonuçta, Kyäni 13 değişik ödeme mekanizması ile yapılan 8 ayrı işi özenle ölçer ve en hassas şekilde paraya çevirir.

NEXT GENERATION MARKETING ile ilgili en çok hoşuma giden şey, insanların performansını her hafta, her ay kusursuz ölçen bir mekanizmaya sahip olmasıdır.

İşin en güzel yanı ise Kyäni'nin çalışanlarına ayda 6 kez ödeme yaparak, onlara sürekli para akışı sağlamasıdır.

> Aslında NEXT GENERATION MARKETING PAZARLAMA PLANI iyi bir işte aranabilecek her şeyi bünyesinde barındırmaktadır.
> Hem de insanlara hiçbir RİSK yüklemeden.
> **EN GÜZEL YANI DA KİŞİLERİ BİRBİRİYLE YARIŞTIRMAYAN, KİŞİNİN TEK RAKİBİNİN KENDİSİ OLDUĞU BİR SİSTEM OLMASIDIR!**

NEXT GENERATION MARKETING'İN ŞİFRELERİ

BÖLÜM 16:

İŞE YENİ BAŞLAYAN KİŞİLERİN HIZLA PARA KAZANMASI NELERİ DEĞİŞTİRİR?

Ben Doğrudan Satış ve Network Marketing Sektörleri'ne toplam 23 yılımı verdim. Bu süre içinde hep başarılı olduğumu istatistikler ve ödüllerim söylüyor.

"Bu sektörlerin en zor yanı ne?" diye bana sorarsanız; tek bir cevabım var:

"**Yeni başlayan kişileri para kazanıncaya kadar şirkette aktif tutmak.**"

Doğrudan satışta ilk aylarda umut verici paralar kazanmak biraz daha kolaydır. Ama Network Marketing Sektörü'nde bu neredeyse imkansızdır.

Ben yıllarca network marketing'de,

"İlk 6 ay hesabına bakmayacaksın, (çünkü bakarsa muhtemelen bir sonraki ay çalışmayı bırakır ☺) hedefin 2 yıl içinde ayda 2.000TL ila 5.000 TL para kazanır hale gelmek"

diyerek, insanları motive ettim.

Çünkü network marketingde işler katlama prensibi ile yürür ve iş ilk başta size küçücük paralar kazandırır.

Örneğin, benim network marketingdeki ilk ayımda kazandığım para sadece 36$ idi. Sonra katlaya katlaya ayda 75.000$'ı buldu ama bu aylarımı aldı.

Ve işin en komiği, cirom artmaya devam etti ama çalıştığım firmanın pazarlama planı o kadar ilginçti ki, ekibimden kariyer yapan kişiler arttıkça (yani ben birçok kişiyi yetiştirdikçe) gelirim 35.000$'a kadar düştü. ☺

İşte bu yüzden çalışacağınız firmayı da çok iyi seçmeniz lazım. Kyäni'yi bana ilk tanıştıran kişi, sektörde hiç tanınmamış, normal biriydi ve anlattığı şeyler ile slaytlar da hiç uyuşmuyordu. Buna rağmen çok coşkulu ve heyecanlıydı. Sadece 1 aydır çalışıyordu ve 5.000$ kazandığını iddia etti.

İlk duyduğumda, "Hah yine bir pilota rastladık, uçuyoruz." dedim.

Yıllarca gördüklerim ve yaşadıklarımdan sonra buna inanmam mümkün değildi. Büyük bir soğukkanlılıkla ondan kazançlarının bankaya yatış belgelerini istedim. Eve döndüğümde e-mail'imde 6 adet mail vardı. Bu arada Kyäni'nin ayda 6 kez ödeme yaptığını da öğrenmiş oldum.

> **Ödemeleri topladığımda gözlerime inanamadım, çünkü tam 4.917$ kazanmıştı!**

Benim yıllardır arayıp da bulamadığım işi bulmuştu ve şimdi sıra bende idi. Kyäni'nin özel davetlisi olarak, sevgili Gülay Rençber ile Amerika'daki genel merkeze gittik. Orada Kirk Hansen, Carl Taylor ve Michael Breashears ile geçirdiğimiz 3 gün sayesinde bu sektörü çok iyi anladık. O dönemde sahip olduğumuz danışmanlık firmasını 1 günde kapatıp 10 firma ile olan kontratlarımızı iptal ettik. Beraberce çok hızlı bir çalışmayla ilk 38 günde 11.466 $ kazanmıştık.

> **Çünkü bizimle çalışmaya başlayan birçok kişi de ÇOK İYİ PARA KAZANMIŞTI.**
> **Ay bittiğinde insanlar telefonda coşkuyla birbirlerine teşekkür ediyorlardı.**

Neden bu kadar çok kazandığımızı biliyor musunuz?

İşte, işe yeni başlayan kişilerin hızla para kazanması bu yüzden çok önemli; çünkü işin karakteri değişiyor.

İş UMUTLAR üzerine değil, GERÇEKLER üzerine kuruluyor. İnsanlar kazandıkları paraları göstere göstere işlerini büyütüyorlar.

Kyäni kasasına soktuğu her 100$'ın 60$'ını sahada çalışanlarına dağıtıyor.
Bunun 40$'ı ise direkt işe yeni başlayanlar arasında paylaşılıyor. Bu sayede işi kuran ve yöneten liderlerin de emekleri korunmuş oluyor.

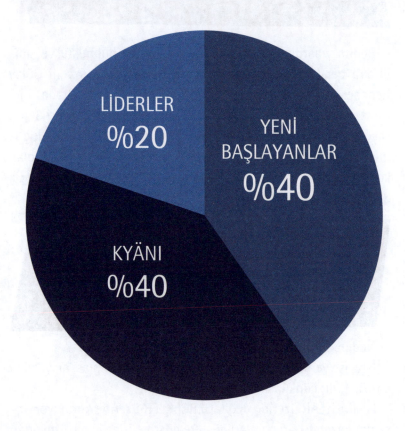

BÖLÜM 17:

SPONSOR HATTI NEDEN ÇOK ÖNEMLİDİR?

Network Marketing sektörü oluşurken, teorik olarak çok güzel bir kavram oluşmuş:

SPONSORLUK yapmak. Yani yeni bulduğun kişiye yol göstermek.

Harika fikir. Peki, soru şu:

"Ya ben de yeniysem ya da gün gelip işten koparsam ne olacak?"

Aslında cevap hazır, bir üstteki distribütör / lider devreye girer. Birçok firmada bu hiç olmaz; çünkü bu firmalarda çok ilginç bir kural vardır. Çoğunda kariyer yapmak istiyorsan, MUTLAKA SENİN BULDUĞUN kişi kariyer yapacak. Onun altındaki kariyer yaparsa, bu senin kariyerine yansımaz. İşte bu kuraldan dolayı herkes KENDİ BULDUĞU kişiye odaklanır.

SONUÇ OLARAK:

Bu yüzden bir çok insan ya acemi ya da yok olan sponsorlardan dolayı sahipsiz kalır ve onlar da yok olur gider.

Eğer hiçbir çalışanınıza ZARAR VERMEYEN firma olmak istiyorsanız bu sıkıntıyı mutlaka çözmelisiniz. Kyäni de bunu yapılan tüm ticaretten para ödeyerek çözmüş. Bu yüzden işe başlayan kişinin performansı yukarı doğru herkese yaradığı için aslında 1 adet sponsoru yok, tam tersine birçok sponsoru var.

İşte bu yeni başlayan kişi için çok büyük bir avantaj.

Düşünsenize sizi işe davet eden kişi belki acemi ama üstünde tecrübeli ve başarılı birileri mutlaka var.

Ayrıca yukarı doğru gittikçe birçok kişinin farklı şehirlerde hatta farklı ülkelerde size destek olabileceğini göreceksiniz.

Çünkü sizin üreteceğiniz CİRO, tüm bu kişilerin üzerinden geçerek gidecek. Bu yüzden üzerinizdeki herkesin CİROSU artacağı için herkesten yardım alabileceksiniz!

BÖLÜM 18:

BİR SATIŞ VE PAZARLAMA FİRMASI KURUYORSANIZ, EN KOLAY SATIŞ YAPMA YOLU NEDİR?

Bu sorunun cevabı dünyadaki tüm sektörlerde yıllardır çok net biliniyor ve uygulanıyor.

Bayilerine ya da distribütörlerine STOK yaptır ki, o stoğu eritmek için satmaya çalışsın. Bu gerçekten de çok iyi işleyen bir kural.

Network Marketing Sektörü'nde de birçok firmanın kurallarla, çalışanlarının evine stok yaptırdığı bir gerçek. Aslında herkes başarılı olsa ve çalışsa bunda bir sakınca yok; hatta "olması gereken bu" diyebilirsiniz.

Teoride çok haklı olduğunuzu söyleyebilirim. Yıllarca bu tarz çalışan bir firmanın Türkiye 1.'si ve Avrupa 8.'siydim. Sonunda ne mi oldu? Eğer VİCDANINIZ hala hayatta ise, sizinle çalışan kişilere bakınca şok olabilirsiniz!

İnsanlar firmayla tanıştıklarında, firma onlara işe ISINMALARI amacıyla bir miktar STOK yüklüyor. Ve diyorlar ki, "Birazını kullan, diğerlerini de çevrene, üzerine kar koyarak sat."

Kullanma kısmında hiçbir sıkıntı yok ama iş satışa gelince eşe dosta satış yapmanın birçok sıkıntısı var.

1. "AAA!", "Vah vah! Sen de mi kapı kapı dolaşarak satış yapacaksın?" mahalle baskısı, birçok kişi için ciddi bir PRESTİJ problemi.

2. "EEE, benden de mi para isteyeceksin?" ikinci PRESTİJ sendromu.

3. "Vallahi şu anda 50 TL param var. Bunu al, sonra gerisini vereyim." KRİZİ. Sonuçta alınacak paralar çok değil ama almak BÜYÜK PROBLEM.

4. Biriken alacakları alamayanların genelde düştüğü ikilem de şu: "Üç kuruş için arkadaşlığımı bozmaya değer mi?"

Bunlar ilk yaşanacak ve sonrasında da katlanarak devam edecek problemler. Ya yolda harcanan ZAMAN, PARA...!?

Peki, çalıştığınız firma kazandığınız parayı size vermek için

sürekli stok almanızı şart koşuyorsa!?
Yukarıdaki problemlere en büyüğü ekleniyor. Çünkü elindeki stoğu eritemeyen kişiler, mecburen düşük fiyatlarla stoklarını bitirmeye çalışıyorlar.

Şimdi karşınızda çok büyük bir probleminiz var. Çünkü bir arkadaşınıza müşteri fiyatı üzerinden ürün sattığınızda, o kişiye başka bir distribütörün düşük fiyatla ürün satma şansı da var. Yani arkadaşlarınız arasında KAZIKÇI, GÜVENİLMEZ oluveriyorsunuz. Bu yüzden birçok distribütör, kısa sürede ya işi bırakıyor ya da şahsi iflasını yaşıyor.

SONUÇTA firmalar tüm bu sıkıntıları bilmelerine rağmen, OTOMATİK olarak ürünlerini satmaya ve distribütörlerine stok yüklemeye devam ediyorlar.

Kyäni insanların arkadaşlarına ürün satmaktan ya da onlardan ürün almaktan hoşlanmadığını kabul ediyor ve ortaya bambaşka bir felsefe ile çıkıyor. Ortaklarının STOK YAPMASINI engelleyici birçok kural getiriyor.

Çalışma sisteminin içine STOK yapmaya ya da SATIŞ yapmaya zorlayan hiçbir kural koymuyor.

EEE! Bu şirket nasıl ayakta kalacak?

Kyäni satış yapmak ve büyümek için, belki de dünyada en az kullanılan ama en etkili yöntemi seçiyor:

"ÜRÜN HEDİYE ETMEK". Evet, doğru okudunuz. Kyäni'de çalışan kişiler müşteri ya da distribütör olmasını hedefledikleri kişilere 1 haftalık deneme ürünü HEDİYE ediyorlar.

Düşünürsek şu ana kadar incelediğimiz hiçbir TİCARET SİSTEMİNDE bu yoktu. Herhalde müşteri adaylarına da bundan daha yumuşak bir yaklaşım olamaz.

Peki, bir müşteri ürün almak isterse ne olacak? Gene yukarıdaki sıkıntıları mı yaşayacağız? Tabii ki hayır.

> Lütfen NEXT GENERATION MARKETING'in
> temel felsefesini hatırlayalım:
> **ÇALIŞANLARINI HER KOŞULDA
> KORUYAN FİRMA OLMAK.**

Kyäni, çalışan her iş ortağına ÜCRETSİZ olarak ÜRÜN SATIŞI yapacağı özel bir WEBSİTESİ verir. Herkes kendi web sitesinin ismini bile kendi belirler.

Müşterinize satış yapacağınız zaman, müşteriniz bu siteyi kullanarak ürünlerini seçer, ödemesini şirkete yapar. Kyäni de malı direkt, faturasıyla birlikte müşterinize yollar. Bu sayede müşteriniz artık ÖMÜR BOYU sizin altınızda kayıtlıdır.

Ne zaman alışveriş yapsa siz buradaki priminizi hemen haftalık olarak alırsınız.

Fark ettiniz mi? Distribütör olarak ne TAHSİLATLA, ne de TESLİMATLA uğraşmadınız.

Bu arada müşteriniz de kendi adına kesilmiş faturası ile ürünlerini aldı. Yani kanuni olarak tüm hakları korunan bir müşteriniz oluştu.

Bu arada müşteriniz "AUTOSHIP" talimatı verdiğinde, her ay düzenli olarak ürünlerini %9 indirim ile kullanabilir. Bu da sizin için SÜREKLİLİK demektir.

Dikkat ederseniz Kyäni işin TİCARET KISMINI, kimsenin zarar görmeyeceği şekilde halletmiş oldu. ☺

BÖLÜM 19:

NETWORK MARKETING "İNSANLARIN İNSANLARA ÖĞRETTİĞİ BİR TİCARET SİSTEMİDİR."

Evet, network marketing KOPYALAMA prensibi ile yayılır. Yani herkes işi kusursuz öğrenecek ve öğretecek. Aslında bu sektör kişilerin, kişisel gelişimini çok hızlandırabilecek bir sektördür. Peki, bu nasıl olacak?

> **Bu sektöre giren kişilerin yaşadıkları en büyük problem buradadır. Çünkü birçok firmanın yeni gelenleri sürekli eğitecek bir sistemi yoktur. Bu yüzden eğitimleri liderlerin sırtına yıkarlar.**

Birçok firmada insanlar KULAKTAN KULAĞA oynar gibi birbirlerini eğitirler. Bu sistemde bilgi hızla bozulur, kaybolur ya da işin içine abartılar, yalanlar girer.

Bu yüzden siz ne kadar iyi olursanız olun, işiniz derinleşip sizden uzaklaştıkça bilgi aktarımının kalitesi düşer. Böylece gruplar, yukarıdan aşağı kurulur ama ne yazık ki aşağıdakiler işi doğru yapacak bilgilerden uzaklaştıkça başarısızlıklar artar ve iş aşağıdan yukarı çöker.

> **Bu nedenle büyük iş kurmak isteyen liderler çok ciddi masrafları göğüsleyerek, işi otellerde yapılan toplantılarla kurmaya - büyütmeye çalışırlar. Eğer başarısız olurlarsa da ÇOK CİDDİ PARALAR KAYBEDERLER.**

Peki, bu konuda ÇALIŞANLARINA ASLA ZARAR VERMEYECEK, yeni nesil pazarlama sektörünün çözümü nedir?

BÖLÜM 20:

HERKESİ OTOMATİK EĞİTEN, MOTİVE EDEN ve ÇALIŞTIRAN BİR SİSTEM İLE ÇALIŞMANIN ÖNEMİ.

Kyäni, her şeyden önce kendisinin sahada çok DOĞRU ve CİDDİ temsil edilmesini ister. İmajını bozacak riskleri asla almaz. İşte bu yüzden Kyäni'de İŞ SUNUMU videolarla yapılır. Yani her türlü bilginin doğruluğu firmanın kontrolündedir. Kimse yalan söyleyerek ya da abartarak başkalarını kandıramaz.

İşi detaylı incelemek isteyen kişiler GOOGLE'a "Kyäni Video" yazdıklarında, Kyäni'nin RESMİ VİDEO sitesiyle karşılaşır. Burada yaklaşık 400 adet video vardır. Ve merak ettiğiniz her konuda Kyäni'yi burada inceleyebilirsiniz.

İşe başlamaya karar veren kişiler Türkiye'de çok gelişmiş bir eğitim sistemi ve iletişim sistemi ile karşılaşır.

> www.dreamteamtr.com
> sitesine girdiğinizde yeni başlayan kişilerin alması gereken eğitimlerin, video setleri halinde hazır olduğunu görürsünüz.

İşin güzel tarafı, her videoyu seyredip bitirdiğinizde karşınıza o videodan ne öğrendiğinizi ölçen bir test çıkacaktır.

Bu testi yapıp bitirdiğinizde ise, anında size, sponsorunuza ve liderinize e-mail yolu ile bir rapor gider. Bu sayede herkes grubundaki kişilerin eğitimlerde ne kadar öğrendiğini ölçmüş ve takip etmiş olur.

> Neden mi Videolar? Cevabı çok basit:
> "KOPYALAMAYI SAĞLAMAK için!"
> Videolar sayesinde bilgi bozulmalarının önüne geçeriz.

Bunun yanı sıra, işini kurmak isteyen distribütörler yeni başlayan insanları eğitmek için şehir şehir dolaşarak PARA ve ZAMAN harcamazlar.

Daha bitmedi, çünkü bu sitede ŞİMDİLİK 200'den fazla videodan oluşan, geçmişte yapılan eğitimlerin en önemli anlarını içeren bir ARŞİVE de sahip olursunuz. İşe yeni başlamanıza rağmen bugüne kadarki tüm "know – how" sizi beklemektedir.

Kyäni sonuçta bir satış ve pazarlama firmasıdır. Bu yüzden, performansı arttırmak için her hafta pazartesi akşamı Kyäni'de çalışan herkes ONLINE olarak toplanır. Burada STRATEJİ toplantıları ve EĞİTİMLER yapılır.

Kyäni, diğer network firmaları gibi insanları otellere doldurup onları ikna etmeye çalışmaz. Tamamen farklı bir sistematik ile geleceğin Kyäni ortaklarını seçer ve hazırlar.

Seçilmiş kişiler masa başında bilgilendirilir. Sonra okuduğunuz bu kitap, incelemesi için adaya verilir. Gerekirse tecrübeli kişiler ile tanıştırılır. Tüm bu süreçlerden sonra otellerde yapılan özel "Diamond Building Seminerleri"ne davet edilirler.

Sonuçta Kyäni'nin felsefesi çok açıktır. İşi doğru anlayan, doğru çalışacak kişileri kabul eder.

Bizler hiçbir zaman işe yeni başlayacak kişilerle KISA VADELİ ilişkilere girmek istemeyiz. Biz her zaman UZUN VADELİ ilişkilere yatırım yaparız. Çünkü Kyäni'nin sistemini anladıysanız, bu işin uzun vadede birçok kişiyi servet sahibi yapacak bir iş olduğunu görmüşsünüzdür.

Kyäni ile çalışma şansına sahip olan kişiler, çalışma hayatları boyunca, özellikle KİŞİSEL GELİŞİM ve LİDERLİK konusunda çok önemli kamplara ve uluslararası eğitimlere katılırlar.

> İşte biz, tüm bu anlattığımız çalışma sistemi sayesinde bizden TAMAMEN BAĞIMSIZ bir iş kurarız. Bu çalışma sisteminin diğer adı, KYÄNI ZENGİNLİK DÖNGÜSÜDÜR. Sonuçta Kyäni çalıştığı herkesin BAŞARILI OLMASI için MÜTHİŞ BİR ALTYAPIYA sahiptir.

Bu eğitim ve çalışma sistemi sayesinde Kyäni distribütörleri çok VERİMLİ ÇALIŞARAK, çok HIZLI ve TATMİNKAR paralar kazanabilirler.

Netleştirmemiz gereken en önemli konu Kyäni'nin de diğer işlerden her hangi bir farkının olmamasıdır. Tabii ki bizler de, aynı diğer işlerde olduğu gibi, EFOR KOYARAK, ÇALIŞARAK para kazanırız.

Dünya'nın hiçbir yerinde, hiçbir sektörde, ÇALIŞMADAN KOLAY PARA KAZANMA şansınız yoktur. Lütfen bunun bilincinde olup bu kandırmacanın kurbanı olmayın.

> Kyäni'nin en büyük farkı, siz sürekli aynı eforu ortaya koymanıza rağmen, gelirlerinizin artarak devam edebilmesidir. Umarız Kyäni olarak KOPYALAMA SINAVINI GEÇEBİLMİŞİZDİR!

BÖLÜM 21:

Kyäni'de NASIL ÇALIŞACAK SINIZ?

Kyäni sonuçta kendi işinizdir. Yani artık HAYATINIZIN DÜMENİNE siz geçtiniz. Dolayısıyla firmanızın CEO'su artık sizsiniz. TEBRİKLER! Kyäni sizleri HİÇBİR TAAHHÜT ALTINA SOKMAZ ya da sizi İSTEMEDİĞİNİZ BİRŞEYE ZORLAYACAK hiçbir kurala sahip değildir.

Kyäni'de ister "FREE – TIME", ister "PART – TIME" çalışabilirsiniz. Kyäni çalışma sistemini keşfederseniz, zamanınızı çok daha verimli kullanabilirsiniz.

Kyäni'deki ÖZGÜR ve KAZANÇLI çalışma ortamını gören birçok kişi "FULL – TIME" olarak da çalışmaktadır.

En özel grup ise "ALL – IN" dediğimiz, hayatında 1. öncelik sırasına Kyäni'yi alan kişilerdir. Tercihler her zaman size aittir.

Kyäni'nin sizlere sunduğu birçok imkanı hiçbir ücret ödemeden kullanabilirsiniz. Her ay Türkiye'nin birçok şehrinde lüks otellerde yapılan toplantılara, daha önceden hazırladığınız adaylarınızla hiçbir ücret ödemeden katılabilirsiniz. Sadece bazı özel toplantılarda cüzi ücretler ödemek durumunda kalabilirsiniz.

Kyäni, Türkiye'de şimdilik 4 adet çalışma ofisine sahiptir. Bunların hepsini ücretsiz olarak kullanabilirsiniz.

Kyäni'nin sizlere tahsis ettiği internet satış sitenizi hiçbir ücret ödemeden ömür boyu kullanabilirsiniz.

Bu arada Kyäni, işinizi takip edebilmeniz için size son derece gelişmiş bir "BACK OFFICE" hazırlamıştır. Buradan tüm dünyadaki işinizi anlık olarak takip edebilirsiniz.

KISACASI, KYÄNI'DE ÇALIŞMAK İSTEYENLER İÇİN HER TÜRLÜ İMKAN VE ÖZGÜRLÜK VARDIR.

Bu noktada kendinize lütfen şu soruyu sorun: "Eğer kendiniz için başka bir iş kursaydınız, tüm bunlar için ne kadar sermaye koyacaktınız ve işletmek için her ay ne kadar masraf edecektiniz?"

İşte bu noktada biz Kyäni çalışanları, kendimizi AKILLI İŞ KADINLARI ve İŞ ADAMLARI olarak görüyoruz.

> Çünkü sadece bir akıllı telefon alabileceğiniz kadar küçük bir sermaye ile tüm bunlara sahip oluyoruz ve hiçbir RİSK taşımadan çalışıyoruz.

BÖLÜM 22:

KARAR?

Eğer kitabı bu sayfaya kadar okuyup okuduklarınıza hak verdiyseniz, şimdi bir karar verme zamanı. Merak etmeyin, bu kararı kendi kendinize vereceksiniz. Çünkü konumuz aslında sizin hayatınız. Eğer hayatınızdan çok memnunsanız, lütfen yola devam edin. Eğer memnun değilseniz size 3 adet ÜÇGENİ anlatarak yol göstermeme izin verin.

1. Kyäni HEALTH TRIANGLE (Kyäni SAĞLIK ÜÇGENİ)

Bu üçgen ticaretinizi kuracağınız ürünler ile ilgili. Hatırlayın, insanlar İHTİYARLAMAK istemiyorlardı. Bizim ürünlerimiz de İHTİYARLAMA sebeplerini yavaşlatan özelliklere sahip. Her şeyden önce SAĞLIK diyorsanız, size bir tavsiyem var. Kendinize bir şans verin ve bu üç ürünü 1 aylık kullanımınız için satın alın ve sonuçlarını yaşayın. Herkes "Kyäni Distribütörü" olamaz ama herkes MÜŞTERİ olabilir.

Herhalde en kötü "KEŞKE" sağlıkla ilgili olan olsa gerek. Bu ürünleri kullandığınızda Kyäni'nin elindeki ticari gücü çok daha iyi anlayacaksınız.

2. Kyäni WEALTH TRIANGLE (Kyäni ZENGİNLİK ÜÇGENİ)

Yani size SINIRSIZ KARİYER, SINIRSIZ KAZANÇ ve SINIRSIZ ZAMAN kazandıran Kyäni'nin dizayn ettiği çalışma sistemi. Zenginliğin formülüne tekrar dönerseniz, Kyäni'nin sizler için hazırladığı DAHİYANE ZENGİNLİK FORMÜLÜNE birebir uyduğunu göreceksiniz.

3. Bu tamamen sizinle ilgili bir üçgen.

İNANÇ – UMUT – SEVGİ üçgeni. Belki de kendinize karşı en dürüst olmanız gereken yere geldik. Lütfen aşağıdaki soruları %100

DÜRÜSTLÜK PRENSİBİ ile cevaplayınız.
- Şu anda yaşadığınız hayatı masaya yatırınca, gerçekten HAYAL ETTİĞİNİZ hayatı yaşıyor musunuz?
- Eğer cevabınız HAYIR ise, şu anda yaptıklarınızı yapmaya devam ederek, gidişatı düzeltebileceğinize dair İNANCINIZ var mı?
- Eğer cevabınız HAYIR ise, gerçekte hak ettiğinizi düşündüğünüz hayatla ilgili 'HEDEF'leriniz var mı?
- Bugün içinde bulunduğunuz durumu değerlendirince, geleceğe UMUTLA bakabiliyor musunuz?
- Bugün içinde bulunduğunuz durumu değerlendirince, bu durumdan çıkmak ve hedeflerinize ulaşmak için BEDEL ödemeye hazır mısınız?
- Yaşadığınız hayat şartlarınızı SEVİYOR musunuz?

Bu cevaplar bu gece sizi endişelendirebilir, hatta uykusuz bırakabilir.

Bir Japon Atasözü der ki:

"Bugün yaşadığın hayatı, nasıl yarattığını anlamak istiyorsan GEÇMİŞTE neler yaptığına bak. Gelecekte NASIL bir hayat yaşayacağını merak ediyorsan BUGÜN NELER YAPTIĞINA bak."

Şimdi soruları değiştirelim.

NEXT GENERATION MARKETING kavramını tüm detayları ile anlatabildiğime inanıyorum. Bu soruları cevaplarken lütfen kitabın içindeki bilgileri düşünerek cevap verin.

- Eğer yaşadığınız hayattan mutlu değilseniz, hayatınızı Kyäni ile değiştirebileceğinize İNANDINIZ mı?
- Kyäni iş sunumunu izlerken ya da bu kitabı okurken geleceğiniz ile ilgili UMUTLANDINIZ mı?

Kyäni ile elde edebileceğiniz yeni hayatınızı gözünüzde canlandıracak olursanız;

- Artık başkalarının hayalleri için değil, kendi hayalleriniz için çalışacaksınız.
- Kyäni işinizi kurarken yorulsanız bile, belli bir noktadan sonra işin size olan ihtiyacı azalmaya başlayacak ve ZAMANINIZ size kalacak.
- Dünya REFAH STANDARTINDA ve SÜREKLİ para kazanıp GELECEĞE GÜVENLE bakacaksınız.
- En iyi arabaları kullanırken, dünyayı eşinizle dolaşırken tüm finansmanı Kyäni sağlayacak.
- Ailenize ve kendinize gerçekten onların layık olduğu hayatı yaşama şansını vereceksiniz.
- Sevdiğiniz hayata sahip olduğunuz için SAĞLIKLI ve KALİTELİ yaşayacaksınız. ÖZGÜR ve LİMİT-siz olacaksınız.

Böyle bir hayatı SEVEBİLİR misiniz?

Bu soruların cevapları sizleri muhtemelen UYKUSUZ bırakabilir.

> "Kyäni HAYALLERİNİZİN, HEDEFLERE, HEDEFLERİNİZİN de GERÇEĞE DÖNÜŞTÜĞÜ YERDİR."
> Tolga Çamsoy

Çünkü başta da dediğim gibi konu sadece SİZİN HAYATINIZ ve KARAR SİZİN kararınız.

Hep söylediğim gibi:

> "Kendi kaderinizi çizecek kadar güçlü değilseniz, birileri sizin için kaderinizi çizer ve buna itiraz edemezsiniz!"
> Hakan Dalkılıç

Şimdi DEĞİŞİM ZAMANI. Yeni Nesil Bir İş ve YEPYENİ Bir Hayat Sizi Bekliyor.

NEXT GENERATION MARKETING
LEADERS

GÜLAY RENÇBER
DIAMOND

Kimya Mühendisiyim. 3 sene mesleğimi yaptıktan sonra maddi, manevi ve sağlık problemlerinden dolayı ayrıldım. 10 sene 4 farklı Network Marketing firmasında çalıştım. Bir tanesinde Türkiye 3.'lüğüm bir diğerinde 4 yıl boyunca Türkiye 1.'liğim oldu.

Network'u çok sevmekle birlikte, zorluklarından (çok geniş çevre, iyi satış yeteneği...) dolayı sadece tepede 3 - 5 kişinin kazanıyor olması bende manevi tatminsizlik yaşattı ve bu sebeple bıraktım. Bu arada 1 sene kendi işimin sahibi olmak, ailemize 2 milyonluk bir deneyim yaşattı. Ailecek 10 farklı firmaya danışmanlık verirken, Kasım 2012'de Kyäni ile tanıştım.

İlk başta normal bir network zannettiğim için önyargım vardı ve şirket Türkiye'de daha açılış aşamasında olduğu için tanımak üzere Idaho Falls'a gittik. Orada firmanın sahiplerini tanıyıp aile kavramına verdikleri önemi gördüğümde çok etkilendim. Bir de Kirk: "distribütörlerimiz, çalışanımız değil ailemizin bir üyesidir ve ortaklarımızdır. Çok farklı uygulamalarla sektörü domine etmeye geldik" dediğinde bu ailenin parçası olmaya karar vermiştim zaten.

Bu sebeple ailemden 9 kişiyle birlikte işe başladık. Pazarlama planından ise anladığım sadece 2 şey vardı ve o da yetti: Cironun %60'ını distribütörlerine verdiği ve 3 hat dengesini kim en iyi yaparsa onun daha çok kazanacağı. Hayatımda gördüğüm en adil ve en fazla kazandıran pazarlama planıydı.

5. ayımda Türkiye'nin ilk Diamond'ı olmak gurur verici sanırken 3,5 yıl sonunda ekibimde 20 Diamond ve üzeri kariyer çıkınca esas gururu o zaman yaşadım. Benden doğan ailem 30 bini aşmışken, hedefim minimum 2 milyonluk bir aileye ulaşıp Kyäni ile büyük büyük büyük... Anne keyfi ile insanların AYdınlanıp GÜLümsemesine aracı olmak. ;))

NEXT GENERATION MARKETING'İN ŞİFRELERİ

HAKAN DALKILIÇ
GREEN DIAMOND

18 Ocak 1967'de Ankara'da Doğdu.

Ankara Atatürk Anadolu Lisesini bitirdi. O.D.T.Ü. Havacılık Mühendisliği'ni bitirerek uçak mühendisi oldu.

6 ay Türk Hava Kurumu'nda mesleğini yaptı. 6 ay da ASANSÖR mühendisliği yaptıktan sonra, MAAŞLI çalışma sisteminin ÖZGÜRLÜĞÜNÜ elinden aldığını fark etti.

1991 yılının sonunda RAINBOW firmasında SATICI olarak çalışmaya başladı.

1992 yılında cebinde SADECE 600$ ile İstanbul'a KENDİ İŞİNİ kurmaya geldi. Sadece 7 ay sonra RAINBOW firmasındaki en çok satış yapan ofisin sahibiydi.

1992 ve 1993 yıllarında RAINBOW Firması'nın DÜNYA ŞAMPİYONU oldu.

1994 yılında DELPHIN Firması'nın Türkiye Distribütörlüğü'nü aldı.

2001 yılına gelene kadar firmalarının sayısını 3'e çıkarttı.

2001 yılındaki ekonomik krizde hayatının en önemli dersini aldı.

Bir daha ASLA RİSK taşıyarak ticaret yapmayacaktı.

2002 yılında ilk network marketing deneyimi olan 'Forever Living Products' ile çalışmaya başladı. 2005 yılında, 9.000.000 distribütör arasında Avrupa 8.'si oldu. 110.000 kişilik bir ticaret kurdu.

2006 yılında kendi network marketing firmasını kurdu. 2007 yılında bu firmayı Dione Firması ile evlendirdi. Başına CEO olarak geçti. Bu firmada 5 yılda 150.000'den fazla distribütör ve müşteriye ulaştı.

2012 yılını Network Marketing Sektörü'ne danışmalık yaparak geçirdi.

2012 Kasım ayında NEXT GENERATION MARKETING ile tanıştı ve hayatı tamamen değişti.

NEXT GENERATION MARKETING'İN ŞİFRELERİ

TOLGA ÇAMSOY
PURPLE DIAMOND

Kyäni'den önce 11 yıllık Network Marketing deneyimine sahibim. Sektörde distribütör, şirket sahibi ve CEO olarak çalıştım. Yani sektörde sahadan patronluğa kadar aslında her yerde görev yaptım.

Ancak geriye baktığımda Network Marketing firmalarının katı aktiflik kuralları İnsanları mal almaya zorluyor;

Çok hat kurma mecburiyeti takım çalışmasını zorlaştırıyor;

Ürün gamının fazlalığı seni pazarlamacı konumuna sokuyor.

Satışta; tahsilat, teslimat, farklı fiyat politikaları fatura verememek, müşterine başka birinin de ürün satabilmesi seni zorluyor.

Her koyun kendi bacağından asılır mantığı ile sponsorlar bir yere kadar destek olabiliyor.

Liderler arasında aradaki kar marjı farkının kapanıp alt gruptan para kazanamama sebebi ile sürekli tartışmalar çıkıyor.

Belirli bir derinlikten itibaren liderlerinden kazanamıyor olman grubu derinleştirmeni engelliyor.

Sürekli yeni adam bulmak zorunluluğu seni bir avcı kimliğine büründürüyordu.

Kazandığın paranın hayrı yok lafı ise cebinden çok masraf yapmak zorunda olduğun için "gerçek" bir klişeydi.

Sürekli aktif çalışmak ise işin cabası...

Next Generation Marketing fırsatı ile tanıştığımda; hayatımda karşıma çıkan en büyük fırsat olduğunu fark etmiştim. Firmanın yapısı, vizyonu, misyonu, aslında her şeyi farklıydı.

Eşim Didem Çamsoy: "Adı bile mistik!" demişti.

Beni bu işe dahil eden Hakan Dalkılıç bana 18 ay içinde aylık gelirimin 10.000 doların üzerine çıkacağımı, 10'dan fazla ülkeye bedava seyahat edeceğimi, bir PORSCHE satın alacağımı söyleseydi, sanırım ona "bana gerçekçi hedefler ver ki sana olan inancım kırılmasın" derdim.

Sonuç olarak Next Generation Marketing ile hayal ettiğiniz hayatı yakalamak ve hayatınızın kontrolünü elinize almak artık sadece sizin elinizde.

EMRE TOPÇU
PURPLE DIAMOND

Kyäni serüvenim 2013 Şubat ayında başladı. 12 kişiye maaş ödediğim bir ticarethanem vardı. Klasik ticaretin getirdiği sıkıntılardan yorulmuş ve bir B planı düşünmeye başlamıştım. Mevcut işimde istediğim gibi bir hayat sürmem imkansızdı. İnternet üzerinden yeni bir ticaret kurma düşüncesi içindeyken birileri Kyäni ile ilgili bana ulaştı. Bana telefonda ve internette Kyäni'yi anlatmaya çalıştılar. Ne yazık ki network marketing sektörüne olan ön yargılarımdan dolayı dinlemek istememiştim. Üniversite yıllarında benzer bir iş yapmıştım ve etrafımdakilere para kazandıramadığım bir işe tövbe etmiştim. Akabinde internetten tanıştığım biri ile bambaşka bir işi konuşmak için masaya oturduk. Konu döndü dolaştı Kyäni'ye geldi. Tabii başta yine dinlemek istemedim ama masada oturduğum kişi bana 8 günde 1500 dolar para kazandığını söyleyince ilgimi çekti. :) "Türkiye şartlarında çalışmaya başladığım kişilere hızlıca para kazandırabilmem işin şeklini değiştirir" diye düşündüm.

Daha sonra Kyäni'yi incelemeye başladım. Kafamda en ufak bir soru işareti kalmayıncaya kadar her şeyi sorguladım. Pazarlama planındaki matematiğe hayran kaldım. Ürünler, firma, firma sahipleri hepsi kusursuzdu. Bu firma bu kadar iyi olabilir miydi?

Kyäni'ye başlarken inanın bu kadar iyi olabileceğini ben bile düşünmüyordum. İlk başta diğer işimdeki sorumluluklarımdan dolayı 4 ay part time olarak yapabildim. 4. ayın sonunda Emerald olduktan sonra eski işimi ortağıma devrettim. 8. ayımda Diamond, 10. ayımda Blue Diamond kariyerine ulaştım. 2015 Kasım sonunda ise Green Diamond kariyerine ulaştım.

İlk dört ay kendi işimden akşama doğru çıkıp Kyäni'ye gittiğim ve eve gece 2'de döndüğüm günler oldu. Eşime, aileme yeterince zaman ayıramadığım, özel günlere katılamadığım çok zamanlar oldu. Peki değdi mi ? Sonuna kadar değdi. Çünkü şimdi istediğim hayatı yaşıyor ve eşim ve kızımla birlikte istediğimiz zaman istediğimiz yerde hatta istediğimiz ülkede olabiliyoruz.

İşte GERÇEK ZENGİNLİK budur..
İNANDIĞINIZ HAYAT NEYSE ONU YAŞAYACAKSINIZ!
KENDİNİZE İNANIN! KYÄNI'YE İNANIN!
Sizin Başarınıza...

ZİYA ŞAKİR YILMAZ
GREEN DIAMOND

1972 yılında Malatya'da suyu, elektriği olmayan bir köyde doğdum. Çok şanslıydım çünkü rahmetli babam Hüseyin YILMAZ Köy Eğitim Enstitüleri'nden mezun harika bir öğretmendi. O'nun desteğiyle Ankara Atatürk Anadolu Lisesi'ni kazandım. Üniversite eğitimimi ODTÜ Ekonomi bölümünde tamamladıktan sonra, London of Management'ta master yaptım.

İş hayatıma Finansbank'ta başladım hem de yurtdışına gönderilmek üzere işe alınmıştım. Bankacılığın bana göre olmadığımı anlayarak istifa ettim. Daha sonra 5 yıl Cankurtaran Holding'in İhracat Bölümü'nde çalıştım. 2 yıl Dubai'de yaşadım ve Ortadoğu ve Afrika bölgesini yönettim. Türkiye'ye döndüm ve Bayer İlaç'ta Halk Sağlığı Bölümü'nde Türkiye, Balkanlar, Rusya, Ukrayna, Belarus, Türkiye Cumhuriyetleri, Azerbeycan ve Gürcistan Ülke Müdürlüğü yaptım. Belki de 100.000 de 1 kişinin geleceği pozisyondayken istifa ettim. Firma süperdi, arabam güzeldi, maaşım gayet iyiydi ama artık kendime ait zamanım kalmamıştı. Ayda 3 hafta seyahat ediyordum ve bir çift dudak arasında maaşlı bir hayat yaşamak istemiyordum.

12.12.12 tarihinde kendi Dış Ticaret firmamı kurdum. Buna ek olarak sevgili ortağım Emre Topçu ile insanlara kişisel gelişim ve girişimcilik konusunda gönüllü destek olabilmek amacıyla ZET Akademi'yi kurduk. Bugüne kadar 10'dan fazla Network firmasının toplantısına davet edildim ve hepsine gittim. Network endüstrisinin "Geleceğin endüstrisi" olduğunun bilincindeydim. Yalnız bir iş adamı olarak her sunum sonrasında 40 tane soru sordum. Ve ne yazık ki 5. yada 10. sorudan sonra hepsi kayboldular. Kyäni ile 2013 yılı haziran ayında tanıştım. Ve işin doğrusu –yine benzer bir firma düşüncesiyle- bir arkadaşımı kurtarmak için geldim. Ve duyduklarıma, gördüklerime inanamadım. Ben öncelikle ÜRÜNLERE aşık oldum. Basit, kolay ve eşsiz 3 ürün! Japonya'da dahi ruhsat alabilmiş 3 ürün. Daha sonra sistemine bayıldım. 30 Haziran 2013 tarihinde başladığım Kyäni ticaretimde 5.ayımda DIAMOND oldum. 29. ayımda ise BLUE DIAMOND kariyerine geldim. Ve bu kategoride son 4 aydır Avrupa 1.si ve dünya 6.sı oldum.

Kyäni'deki hedefim 1 MİLYON İNSANIN HAYATINA DOKUNMAK. Onların da benim ulaştığım sağlık, varlık ve zaman üçgenine kavuşmaları için bir "YOL GÖSTERİCİ" olmak. Ve Tolstoy'un çok sevdiğim bir sözü ile kapatmak istiyorum;
"Herkes dünyayı değiştirmeyi düşünüyor, hiç kimse kendini değiştirmeyi düşünmüyor."
Haydi! DEĞİŞİN VE HAREKETE GEÇİN!
Sizin başarınıza...

ŞULE & YAVUZ BAĞCI
DIAMOND

Kyäni bize ilk kez anlatıldığında, kelimenin tam anlamıyla finansal bir felakete doğru sürükleniyor durumdaydık. İlk başlarda, Kyäni işinin bize, sadece ciddi anlamda para kazandırabilecek bir iş olabileceğini değerlendirmiştik. 18.12.2012 tarihinde Kyäni distribütörü olduk. İşe başlayıp, ilk eğitimleri almaya başlayınca, ürünleri ailecek düzenli olarak kullanmaya devam ettikçe Kyäni'nin, evet, özellikle bu ticarete yeni başlayanlara hızlı ve kayda değer anlamda hızlı ve yüksek gelir sağlamanın ötesinde, gerçek bir sağlıklı yaşam ve servet yapma iş modeli olduğunu anladık.

Kyäni işi, gerçek anlamda bir sağlıklı yaşam, zenginleşme ve özgürleşme projesidir. Bizlerin hayatta tam olarak istediği şeyler de bunlardı. Gerçek anlamda ÖZGÜRLÜK! Kyäni kültürü bize, çılgınca, acımasızca, hünharca, tüketilen hayatlarımızda, artık neredeyse unutmaya başladığımız hayallerimizi tekrardan hatırlattı. Küllenmiş hayallerimizin altında henüz sönmemiş olan ateşi tekrardan harlandırdı. Özgür yaşama fikrini tekrardan hatırlattı. Kendi inandığımız değerlerimizle özgürce yaşamanın kesinlikle mümkün olduğunu defalarca kez ıspat etti. Bizi eğitti ve okulundan mezun etti.

Kyäni ticareti insan tabiatımıza belki de en uygun 3 değer olan dürüstlük, çalışkanlık ve yardımlaşma üzerine dizayn edilmiştir. Eğer düzenli, sürekli ve disiplinli çalışmaktan çekinmiyorsanız ciddi anlamda güçlü, güvenli ve karlı bir Kyäni ticareti inşa edebilirsiniz. Kyäni bir ailedir. Bizler gerçek ailemizi bulduk. Bu ailede size yardımcı olmaya hazır, binlerce gönüllü ve eğitimli müşteriden oluşan bir ordu var. Kormayın. Ailemize ister müşteri, ister profesyonel müşteri olarak katılın.

Ya yaşadığınız gibi inanırsınız ya da, inandığınız gibi yaşarsınız. Sizler, inandığınız gibi yaşamayı tercih edin. Çok çalışmayı, gerçekten çok çalışmayı tercih edin ve Kyäni ile özgür bir yaşamı kendi inandığınız değerleri üzerinde inşa edin. Sizi muhabbetle, kocaman kucaklıyoruz. Ailemize şimdiden hoşgeldiniz diyoruz. Güveniniz için teşekkürler.

Sizin Başarınıza!

HAKAN İZMİR
DIAMOND

1978 doğumluyum. Adanalıyım ve Adana'da yaşıyorum. Endüstri mühendisiyim. Evliyim ve 2 oğlum var.

11 yıl özel şirketlerde yöneticilik yaptım. Kyäni ticaretine 2013 yılının eylül ayında üniversiteden sınıf arkadaşımın işi bana anlatmasıyla başladım. Adana'da tek başıma başladığım bu ticarette birçok kişi, 'bu iş olmaz, bunlar boş işler boşuna uğraşma' diye söylemlerde bulundular. Ben inanmadığım hiçbir işi yapmam. Kyäni'de aradığım tüm cevapları buldum ve önce kendime inandım, sonra da işe inandım. Kyäni'ye odaklandım. İlk ayımda Safir, ikinci ayımda Ruby, sekizinci ayımda Diamond ve

Türkiye CEO Konsey üyesi olarak imkansız diye bir şey olmadığını arkadaşlarıma ve çevreme ispatlamış oldum. Kyäni ticareti sayesinde onlarca ülke gezdim. Almanya ve Hollanda'da üst düzey kariyerlerin çıkmasına katkıda bulundum. Binlerce kişilik iş ortağım oldu.

Kyäni ticareti sayesinde insanların hayallerini gerçekleştirdiğini gördüm. İyi gelirlere ulaştıklarını, iyi paralar kazandıklarını, iyi araçlara sahip olduklarını, dünyayı gezdiklerini, daha sağlıklı yaşamaya başladıklarını gördüm.

Herkesin eşit şartlarda başladığı Kyäni ticaretinde kimler işe ve kendine inanıp odaklanırsa kısa sürede hayallerine kavuşur ve çevresindeki insanlara yardımcı olabilir.

Kyäni ürün ve pazarlama planıyla eşi benzeri olmayan bir firmadır. Önemli olan geleceği görebilmektir. Kyäni ile yolun daha çok başındayız. Çocuklarımıza, torunlarımıza miras bırakabileceğimiz bir iş inşaa ediyoruz. Kyäni ticaretini ciddiye alın.

Hepinize sağlıklı, varlıklı ve özgür bir hayat dilerim.

AKİF BİLGE
DIAMOND

Herşey bundan tam üç yıl önce mart ayında başladı. Gaziantepli bir ailenin esnaf oğlu olarak hayatımı yaşarken tanıştım Kyäni ile. Sevgili dostum Emre TOPÇU tarafından geri çeviremeyeceğim bir teklif idi Kyäni. Klasik ticaretin sorunları ve krizin ciddi şekilde olumsuz etkilemesi arayış içinde olmamı sağlamıştı. Sıfır risk ile pasif gelir elde etme fikri beni heyecanlandırmıştı. Daha önce hep sabah 08.00 akşam 17.00 standartlarında çalışırken zaman kaldırıcı adeta beni vurmuştu.

Hemen planımızı yapıp çalışmaya başladık. İlk haftamda Jade kariyerine ulaştım. Ekip oyunu olarak ilerleyen sistemi sayesinde 5. ayımda safir kariyerine geldim. Kariyer yolculuğumda Kyäni sayesinde kendimi keşfettim. İnsanların da bunu deneyimlemesine yardımcı olarak geçtiğimiz üç yılda ciddi başarılar elde ettik. Kimi zaman Türkiye olarak Avrupa birincisi olduk, zaman geldi kariyerimde global olarak birincilik deneyimledim. Muhteşem ürünlerimiz ile binlerce kişinin hayat kalitesi ve refah düzeyinin yükselmesini sağladık.

"Adanmışlık varsa mazeret yoktur" ilkesiyle çıktığımız Kyäni yolculuğunda geçtiğimiz üç yılda sektöre ciddi bir giriş yapıp herkesin dikkatini çeken bir firma olduk. Standart maaşlı işler veya klasik ticarete istinaden daha önce hiç deneyimlemediğimiz kadar farklı deneyimleri yaşayarak hayatlara dokunduk. Kimi kişisel gelişimi tavan yapabildi, kimi hiç olmadığı kadar sağlık kazandı, bazıları şuanda hayallerindeki arabaya biniyor.

Sağlık, varlık, zaman üçlüsünde dünyada en fazlasını vermeyi temel ilkeleri arasında olan Kyäni bunu her gün binlerce örneği ile göstermektedir. Sektörü domine etme fikrine sahip olan Kyäni, patentli pazarlama planı ve ürünleri ile daha önce hiç olmadığı kadar hızlı büyüyen bir firma olmuş ve rekorları altüst etmiştir! Hergün büyüyen Kyäni ailesi arasında bulunmaktan ve insanların hayatlarına dokunmaktan mutluluk duyuyorum.

Şirket kurucuları ile yaptığımız görüşmelerde önümüzdeki uzun yıllar torunlarımıza dahi kalacak bir vizyomu inşaa etmenin motivasyonu ile hergün yeni hedeflere koşarak ilerlemekteyiz. Türkiye olarak şimdilik Avrupa birincisiyiz vizyonumuz dünya birincisi olarak tüm Türkiye'nin hayat kalitesi ve refah düzeyini en üst seviyelere taşımak! Kendinizi keşfetmek ve hayatlara dokunmanız dileği ile, Experience More!

Ben Ayhan Varol, evli ve iki çocuk babasıyım. 19 yıldır bir Anadolu lisesinde İngilizce öğretmeni olarak görev yapıyorum. Kyäni'ye başladıktan 8 ay sonra Diamond kariyerine ulaştım ve halen de part time olarak devam ediyorum.

Genelde Kyäni'deki ortaklarım bana part time olarak nasıl başardığımı soruyorlar. Aslında cevap çok basit. Ben full time yada all in çalışan arkadaşlarımdan biraz daha fazla çalışmak zorundaydım. Zamanı doğru kullanmalıydım çünkü sorumlu olduğum bir ailem ve öğrencilerim vardı.

Bu sektörde faaliyet gösteren insanların yüzde 90'ı bu işi part time olarak yapıyor fakat Kyäni'de part time başarılı olma şansınız çok daha yüksek çünkü inanılmaz bir yardım mekanizması var ve kimseyi kimseyle yarıştırmayan aksine beraber büyütülmesi gereken bir pazarlama planına sahibiz.

Geçen ay Estonya'da muhteşem bir etkinliğe katıldık. Muhteşem bir etkinlikti. Büyük vizyonu ve ne kadar mükemmel bir firmada ticaret yaptığımızı bir kere daha gördük. Avrupa liderlerinden çok farklı bakış açıları öğrendik. Diğer ülkelerden onlarca kişiyle tanıştık ve bilgimize bilgi kattık.

Stefan Edefors, Mark Davenport ve Manfred Wunderling ile aynı masada oturup Kyäni vizyonunu dinleyip strateji yapmak paha biçilemezdi. Benim için unutulmayan anlar ise başarılı olan Türk distribütörlerin sahnede ay yıldızlı bayağımızı salladığı anlardı.

Sevgili Kyäni ailem, büyük toplantılar işimizin bir parçası. Mümkün olduğunca tüm şartlarınızı zorlayarak bu tür etkinliklerin içinde ekibinizle birlikte olmaya çalışın ve hatta bunun için gereğinden bile fazlasını yapın.

FERHAT GÖK
GREEN DIAMOND

Merhabalar, 1988 İstanbul doğumluyum. İstanbul Üniversitesi İşletme mezunuyum. İş hayatıma üniversiteye başlamadan önce Shell'de başladım ve üniversite okurken devam ettiğim Shell'de 5 yıl çalıştım. Mezun olup askerden geldikten sonra profesyonel iş hayatıma kurumsal bir şirkette depo müdürü olarak başladım. 6 ay sonra satın alma müdürü olarak devam ettiğim işimden 2. yıl sonunda istifa edip kendi işimi kurma kararı aldım.

İç mimari ve özel tasarımlar üzerine kurduğumuz şirketi yönetirken Kyäni firmasıyla tanıştım. İlk 5 ay çok başarılı olamadım; kendi bildiklerime göre hareket etmiştim. Halbuki her işte olduğu gibi bu işin de kendine ait bir doğası ve yapılabilirliği vardı. Biz bu kurallara aykırı hareket etmemizin bedelini kısa süreli başarısızlık olarak ödedik.

Profesyonelce bu işi yapmaya karar verdiğim tarih 2013 Eylül ayıydı ve 3 ay içinde RUBY seviyesine ulaştım 8 AY SONRA EMERALD ve 22. ayda DIAMOND seviyesine ulaştım. Bu satırları ise GREEN DIAMOND olarak yazıyorum. 27 Yaşında biri olarak global bir vizyonun parçası olmak, bunu anlamak ve anlatmak kadar heyecan verici bir şey olamaz.

Kyäni NEXT GENERATION MARKETING devrimiyle en doğru firma olduğunu gerek ürünleriyle, gerek cömertçe hazırlanmış kazanç planıyla en önemlisi sektörü domine etmek vizyonuyla göstermekte ve bizleri oldukça heyecanlandırmaktadır. Bu heyecan bizde bitmek tükenmeyen bir enerji kaynağı oluşturmakta, milyonlarca insanın hayatına dokunma telaşı bizi gece gündüz çalıştırmaktadır.

Öğrenilebilir bu ticareti ÖĞRENİN kazanın, ÖĞRETİN zengin olun, ÖĞRETMEYİ ÖĞRETİN sağlıklı, varlıklı, zaman özgürlüğü sadece kendi elinde olan insanlardan OLUN.

CAN BUÇUKOĞLU
DIAMOND

1974 İstanbul doğumluyum. Marmara Üniversitesi Gazetecilik bölümü mezunuyum. Evliyim, Demir ve Ece isminde 2 çocuğum var.

Üniversiteden mezun olduktan sonra eğitimini aldığım mesleğim yerine ticarete atıldım. Abimle beraber babamdan devraldığımız küçük bir ticarethaneyi yılda 60 milyon doların üstünde ciroya ve 400 çalışan sayısına ulaştırdık. Ama daha sonra ülkede ve dünyada yaşanan krizlerden nasibimizi almaya başladığımızda ve ticari hayatta büyümenin sırrının hep sermaye yatırmak ve risk almak olduğunu keşfettiğimizde ticarette daha güvenli limanlar aramaya başladık.

Restaurant sektörü güvenli bir liman olarak hayatıma girdiğinde farkettim ki aslında ticaretin en zor koluydu. Kyäni ile tanıştığım dönem her geçen gün giderlerimin arttığı ve bir B planı arayışında olduğum bir dönemdi. Kyäni'yi çok yakın bir dostum olan Hakan Dalkılıç bana anlattığında başlangıçta benim için iyi bir B planı olabileceğini hissetmiştim. Ve yaklaşık 4 ay boyunca Kyäni'yle part time ilgilendim. Ve ardından tam zamanlı efor yani ALL in... Bu gün geldiğim noktada kendi kendime hep şunu söylüyorum. İyi ki bu işi anlamışım. İyi ki ben de projede varım demişim. Ya anlamasaydım. Ya algılayamasaydım. Hala hayatımda hiç bir şey değişmeyecekti. Ama geldiğim noktada hayatım her anlamda 180 derece değişti.

Kyäni ile ilgili bilmeniz gereken, bu iş kısa yoldan para kazanma işi ya da hemen köşeyi dönme işi değil ama koyduğunuz eforun karşılığını yani alın terinizin karşılığını sonuna kadar alma işidir.

İşe giriştiğinizden itibaren doğru bir efor koyduğunuz anda size ciddi paralar kazandıran bir iş fırsatı. Kazanç planı tüm dünyada aynı. Ve gelişmiş ülkelerdeki kişileri de mutlu etmek üzere oluşturulmuş. Dolayısıyla bir Japon kadar kazanırken Türkiye'de harcıyoruz. Bu arada Japonya'nın Türkiye'den 5 kat pahalı olduğunu unutmamak lazım. Kyäni bence dünyada muadili olmayan bir ürün gamına ve zorlamaları, kotaları, cezaları olmayan adım attıkça sizi ödüllendiren benzersiz bir kazanç planına sahip.

Kyäni kazanç planını incelediğinizde yukarıdan aşağıya herkesin birbirine yardımcı olduğu ve hiç kimsenin yalnız kalmadığı bir ticaret olduğunu göreceksiniz. Yani tam bir takım çalışmasıdır. Yeri gelmişken bu süreçte yanımda olan tüm arkadaşlarıma ve özellikle Hakan Dalkılıç'a sonsuz teşekkür...

NEXT GENERATION MARKETING'İN ŞİFRELERİ

YAKUP GÜNGÖR
BLUE DIAMOND

Ve üç kez doğarmış insan hayatta... Birincisinde annesinden ve sonuncusunda ise 40'ında hatalarından doğarmış... 40'ımda hatalarımdan doğuşumun kısa hikayesini aktarayım sizlere...

Yakup GÜNGÖR ben. Denizli doğumlu ve 44 yaşındayım. Üniversitede "hayatta nelerin gerekli olmadığını" öğrendikten sonra satış hayatım başladı. Sorgulama yeteneği özellikle kaybettirilmeye çalışılmış biri olarak "iyi söz tutarsın" denip YÖNETİCİLİK yaptım. Baktım ki; hayat bu değil, sorgulamalar başladı, kendimce toplumsal kabullere başkaldırışlar. Ne yaparsan yap, sistem kurulmuş ve düzen böyle dönüyor hayatta. Tek başına DON KİŞOT olmak fayda etmiyor... Ve herkes gibi kabulleniş süreci ancak sürekli sorgulayış ve araştırma.

MİLAT: 2014 EYLÜL!

Dışarda kurulan ticari sistemin ne olduğunu ve nasıl işlediğini fark edebildiğimiz gün önümüze sunulan bu fırsatın büyüklüğünü idrak etmek ve canhıraş sarılmak daha kolay oluyor. Bugün herkese şunu söylüyorum.. "HAYATIMDA İLK DEFA BU KADAR MUTLUYUM..." Çünkü başkalarının hayalleri ve hedefleri için değil kendimiz için çalışıyor ve koyduğumuz eforun karşılığını alıyoruz. Bu efor kendi menfaatlerimiz için başkalarının hayatını bitirmek üzere değil bir aile ve bir sevgi çemberi oluşturmak üzere kurgulanmış. İşte bunun içindir ki mutluluk; verdikçe artan bir olgu olduğundan artarak mutlu oluyor ve mutlu olduğumuz ölçüde mutlu kılmaya gayret ediyoruz. YA BAŞKALARININ KÖLESİ OLMAYA RAZI OLMAMIZ YA DA KENDİ HAYATIMIZIN EFENDİSİ OLMAYA HAZIR OLMAMIZ GEREKİR.

Ve yaradan bizi düşünmeye sorgulamaya sevk ediyor, çünkü HAYAT TERCİHLERDEN İBARETTİR VE HER TERCİH BİR KAYBEDİŞTİR. Umuyorum ki yaptığımız tercihler bizim ve sevdiklerimizin mutluluğuna ve kazancına vesile olsun... Sevgiyle kalın.

İYİ Kİ VARSIN KYÄNI.

BARIŞ ÖZGÜR
BLUE DIAMOND

İnanmak, azim, sadakat, güven ve başarı birbirlerini tamamlayan öğelerdir. Başta inanmanın çok büyük bir gereklilik olduğunu unutmadan başladığım ticaretim bugün ülke sınırlarını aşarak onlarca ülkeye, binlerce insana ulaşmıştır ve ulaşmaya devam edecektir!

Karşıma çıkan olumlu-olumsuz tüm etmenleri, içinde bulunduğum şartlara uyumlu pozisyonlarda değerlendirmeyi bilerek Blue Diamond gibi ulaşılması huzurlu ve gurur verici bir kariyerin sevincini yaşamaktayım. Az bir zaman sayılabilecek bu zaman dilimiyle gelen bu başarı elbette ki ekip işi, dayanışma işi, birliktelik işidir. Bu başarı yolunda desteklerini esirgemeyen tüm KYÄNI ailesine minnettarım.

Yaptığımız iş çetin ve meşakkatlidir. İyi yerlere gelebilmek, cesur olmak ve var olan bizlere dayatılmış yaşam şartlarını kabullenmemekle mümkündür. Birileri için erkene saat kurduğumuz uyanış alışkanlığımız, isteksiz düğme ilikleyişimiz, kravat takışımız ancak gerçek bir uyanışla reddedilebilir ve bu bir rest çekmektir. Ben 21 Temmuz 2014 tarihinde bu tarihi sayfayı açmış bulunarak bugün maddi ve manevi alanda inanılmaz bir hafiflik yaşatan BLUE DIAMOND kariyerine ulaşmış bulunmaktayım.

Başarmış insanları izleyerek, ekip kurmak ve o ekibi destekleyerek ve bunu yaparken amatör ruhu da yaşatarak aynı şevk ve heyecanla umutları yeşertmek, uyuyan devleri uyandırmak bu kutsal uğraşın altın anahtarıdır.

Bundan sonraki hedefim, dayanışmanın ve birlikteliğin gücünü bilerek ve bireysellik başarısına inanarak hayat şartlarında boğulmuş ve yok olmuş hücreleri yani lider adaylarını birikimlerimi tecrübelerimi aktararak daha fazla insanın hayatına dokunabilmektir. Sağlık ve varlık bu yazımı okuyan ve beni anlayan insanların üzerine olsun.

MUSTAFA GÜVEN
DIAMOND

1971 Denizli doğumluyum. 27 senedir kuaförlük mesleğimle esnaflık yapmaktayım. İşimle alakalı sistem kurmak ve büyüme adına çok çalıştım. Bunca yıllık mücadelemde geldiğim noktadan çok daha fazlasına Kyäni ticaretimle geldim. Ayda bir doktora giden, sürekli ilaç kullanan, bağışıklık sistemi berbat bir kişiydim.

Aktardan başlayan gıda takviyeleri, hayatımı değiştirmeye başlamıştı. Bu arada iki network firmasının ürünlerini kullanmaya başlamıştım, ürünleri çok iyiydi. O zamanlar bu tür sistemlere karşı aşırı ön yargılıydım, ticaretini hiç yapmadım. Ailemle gittiğim tatilde tanıştığım Barış Özgür bey sağlığımla ilgili nasıl ürün kullandığımı iyi bilen bir kişiydi. Hayatımı değiştiren kardeşim 8 ay sonra Denizli efsanesinin başlamasına neden olan Emre Topçu'yla beni masaya oturtmuştu.

Son 11 senemi bağışıklık sistemimi güçlendirmek adına bazı network firmalarının ürünlerini kullanmakta iken Kyäni ürünleri ile tanışmama vesile olmuşlardı.

Bu zamana kadar kullandığım tüm ürünlerin 3 ürüne sıkıştırılmış olması kullanımının, tavsiye modelinin hediyeleşmek üzerine olması ve yardımlaşma ile büyümesi benim böyle bir iş modeline girmemde en büyük etkendir.

Sağlık sorunlarım sayesinde böyle bir iş modeli fırsata çevirdiğimi düşünüyorum ve sizlerinde bunu fırsata çevirmeniz için birlikte ortak olmayı teklif ediyorum.

ZEYNEP ERKAN
BLUE DIAMOND

Kyäni hikayem 05.02.2013'te başladı. Ürünlerinden çok fayda gördüğüm ve ilk sekiz ay sadece ürünlerini kullanıp ticari boyutuyla ilgilenmediğim Kyäni'yi ilk dinlediğimde içinde barındırdığı dinamikler bana çok ütopik gelmişti. Ancak işimizi kurmaya başladıktan sonra bunları yaşamaya başladım.

Kyäni firmasının bugüne dek iş hayatında rastlamadığım bambaşka bir kültüre ve felsefeye sahip olduğunu gördüm. En önemlisi çalışma sisteminin beni özgür kıldığını keşfettim ve deneyimledim. Burada emeğimin karşılığını alıyorum çünkü Kyäni hakkaniyetli bir pazarlama ve kazanç planına sahip.

Aslında her şey benim için bir düşle başladı. "Düş kurmak geleceği hatırlamaktır" diye okumuştum bir yerde. Eğer bir hayatım olacaksa her zaman düşüncelerimi eyleme dönüştüreceğim özgür bir yaşam şekli düşledim.

Maalesef içinde bulunduğumuz sistem buna izin vermeyecek şekilde etrafımızı sarmış durumdayken. Kyäni'yle bu düşümü gerçeğe dönüştürmeye başladım.

Düşledim, inandım ve bu yolda harekete geçtim. Bu yolculukta tereddütsüz yoldaşlık eden birçok güzel insanla bu işi yapmak, herkesten bir şeyler öğrenmek, Kyäni'yle kendimize ve başkalarına yardımcı olabilecek güce sahip olmak çok güzel ve çok keyifli.

Düşlerinizin peşine düşmeniz, çok daha fazlasını deneyimlemeniz dileğiyle...

EMRE ERKAN
BLUE DIAMOND

Şubat 2013 tarihinde Kyäni'ye imza attığımız gün hayatımın 180 derece değişeceği hakkında hiçbir fikrim olmamakla birlikte sisli bir yoldu benim için. Kafamda birçok soru işareti vardı. Sosyal kanıt da yoktu üstelik. 7 yıllık bankacılık kariyerim devam ediyordu.

Her zaman söylediğim bir söz var: Kyäni işine başladığınız gün imzayı attığınız gün değil, gerçekten KARAR verdiğiniz gündür. Kendi adıma bu kararı vermek 8 ay sürmüştü çünkü odağımda Kyäni yoktu. Bu sürenin ardından Kyäni'yi yarı zamanlı yapmaya karar vermiştim ve ilk aydaki gelirim 7 yıllık bankacılık kariyerimdeki aylık gelirimden daha yüksekti. Bu kanıt aslına bakacak olursak şirketin, ürünlerin ve pazarlama planının ve felsefenin ne kadar farklı olduğuydu. Ürün kullanımlarının ne denli arttığının en büyük kanıtıydı.

İkinci büyük karar 17 ay sonra geldi ve hayatımda giden rutini değiştirme konusunda bir hamle daha yapmalıydım. Bunu başaran insanlar vardı ve ben de yapabilirdim ve sadece NASIL yapacağımı öğrenmeliydim. Bunun bir bedeli vardı, hiç kimse başarı merdivenlerini elleri cebinde tırmanmamıştı. Yarı zamanlı çalıştığım Kyäni'de aylık gelirim bankadaki maaşımın 3 katına çıkmıştı ve artık maaşlı bir işte çalışmak zaman kaybına dönüşmüştü. Çok daha büyük hedeflerim ve çok daha büyük hayallerim vardı.

31 temmuz 2015'te bankadaki kariyerime son verip tamamen Kyäni işine odaklandım. Ardından geçen süreçte de 27 Kasım 2015 (doğum günümde) eşimle birlikte Diamond kariyerine ulaştık. Sadece o ay bankadaki 1 yıllık gelirimden daha fazla gelir elde ettik. Bu bir yolculuktu ve şimdilik Türkiye'nin 16. Diamond'ı olduk. Bugün bizden doğru oluşan ticaret 21 farklı ülkeye ve yaklaşık 8.000 kişilik bir dağıtıcı ve tüketici ağına ulaştı ve her geçen saat artarak devam ediyor.

Belki bazılarınız bu yazıyı okurken "acaba ben de başarabilir miyim" diye düşünüyordur. Bunun için tek yapmanız gereken şey kendiniz, aileniz ve sevdikleriniz için bir KARAR vermek. Kararın gücü değişimin gücüdür.

NESLİHAN CANIOĞLU
BLUE DIAMOND

    Daha özgür daha sağlıklı daha mutlu kısacası daha iyi bir hayatı hakettiğime inandığım bir zamanda Kyäni'yle karşılaştım. Hemen bir adım attım ve canla başla çalıştım her gün.

    Sevgili Arda Çakır ilk etapta çok karşı çıktı bana. Biraz da küçümsedi işimi ama zamanla Kyäni'nin dünyanın en iyi projesi olduğunu hissetti sanırım ve ekibime katıldı. Şu anda Türkiye'nin en örnek en iyi liderlerinden biri kendisi. Gurur verici bu benim adıma.

    Kyäni'de, zor olduğunu düşündüğünüz her hayaliniz gerçekleşir. Sizi bu konuda gönül rahatlığıyla temin edebilirim. Kyäni değerleri ve vizyonu olan önce insan ilkesiyle çalışan bir wellness şirketi olmaktan öte sımsıcak güven dolu bir yuvadır benim için.

    İyi ki buradayım. Her gün şahane insanlar tanıyorum. Her gün her an yepyeni şeyler öğreniyorum, gelişiyorum, büyüyorum. Hayatımın bu kadar güzelleşeceğini tahmin etmemiştim doğrusu. Sağlıklı, huzurlu ve mutluyum. Daha ne olsun.

    Herkesin bu güzellikleri yaşamasını can-ı gönülden dilerim. Çok sevgilerimle.

ARDA ÇAKIR
BLUE DIAMOND

26 yaşındayım. İstanbul Üniversitesi, Radyo Sinema ve Televizyon mezunuyum. Sadece 3 sene kadar kendi sektörümde çalıştım. Aslında özel sektörde maaşlı işe başlarken de çok bana göre olmadığının farkındaydım çünkü başkalarından emir ve komut almayı seven bir karakterim yoktu. Ama kendi işimi kurmakla da alakalı ne yeterli tecrübem vardı ne de yeterli bir sermayem vardı.

Bakıldığı zaman Kyäni bundan yaklaşık 2 sene önce eşim aracılığı ile karşıma çıktı. Eşim tamamen ürün odaklı ve indirimli ürün kullanmak için distribütör olmuştu. Bu işten nasıl para kazanılacağı ile ilgili bir bilgisi yoktu. Bana da ilk başta ürünleri gösterdiğinde çok hoşuma gitmişti. 12 sene kadar bir basketbol hayatım olduğu için gıda takviyelerini çok iyi biliyordum ve Kyäni'den önce de gıda takviyeleri kullanıyordum.

Eşim bu işten para kazanılabileceğini anlatmaya çalıştığı zaman ciddi ön yargılarım oluşmuştu. Çünkü ortaokul yıllarımda annem ve arkadaşlarının bana gösterdiği şeyler aklıma gelmişti. Neydi bunlar; annem ve arkadaşları kısır günlerinde bizim evde toplanıyorlardı, birbirlerine kataloglardan ürün gösteriyorlardı ve 300-400 tl para kazanıyorlardı. Kyäni'yi de böyle bir iş zannederek işe karşı ciddi ön yargılarım oluşmuştu ve hatta eşimle bu konuda tartışmıştık. Ama eşim daha fazla işin içerisine odaklanarak bana bunun çok ciddi bir ticari model olduğunu masada Kyäni içerisinde başarılı olan kişilerle tam anlamıyla inceletebildi.

Kyäni'yi ilk 3 ay part time olarak yaptım. 3 aydan sonra kendi sektörümde işi tamamen bırakmıştım, hayatımda verdiğim en iyi kararlardan birisiydi bu kendi adıma. Kyäni şu an bizim adımıza bambaşka bir noktaya doğru ilerliyor, ilk başladığım gün bugünkü fotoğrafı gösterselerdi bu duruma inanamazdım doğrusu. Ekibimizde bulunan bir çok insanın maddi ve manevi anlamda hayatlarında çok olumlu değişiklikler oldu.

Bu yazıyı yazarken Blue Diamond kariyerindeyim ama siz bunu okurken belki de Green Diamond, Purple Diamond kariyerlerine doğru çıkmış olacağım. Kyäni'yi insanların kendini keşfettikleri yer olarak görüyorum ve ben içimi şenlendiren şeyi Kyäni'de buldum.

AYTUĞ GÖNÜL
GREEN DIAMOND

1994 İstanbul doğumlu, aslen Özyeğin Üniversitesi'nde Endüstri Mühendisliği okuyan bir öğrenciyim. 2013 Eylül'den beri Kyäni'de dünya çapındaki binlerce kişilik organizasyonumla birlikte yaptıklarımız sonucunda da 21 yaşımda aylık milyon $ üzerinde ciroları yöneterek, ileri düzey 5 haneli rakamlarda aylık gelirler elde ediyorum.

Her şeyin en başına dönecek olursak, ürünlerin hem inovatif hem de basitlik ilkesi üzerine kurulmuş olması ve sadece 25 yaşıma gelince adeta ülkelere yayılmış bir impratorluk gibi bir ticaret kurarak tam anlamıyla maddi özgürlüğüme kavuşabileceğimi keşfettiğim için Kyäni ticaretimi inşa etmeye başladım.

O zamanlarda Türkiye'de henüz daha Kyäni logolu bir araç yoktu, bu devirde kim kime araç alıyor, kimse alamaz dediler. Henüz daha yurtdışı programlarını kazanan kimse yoktu, öyle kolay kolay göndermezler kimseyi dediler. Ürünlerle ilgili pek fazla deneyimi olan yoktu, ürünlerin bir işe yarayacağı ne malum dediler. O zamanlar henüz daha 18 yaşında bir öğrenci olduğum ve geçmişte hiçbir iş tecrübem olmadığı için; şirket bu dediklerinin hepsini yapsa, SEN YAPAMAZSIN dediler.

Denilenleri duymadım, gözümü kararttım, başladım. Geçmişte hiçbir deneyimim, iş hayatında 1 günlük bile tecrübem olmamasına rağmen sadece başarılı kişilerin adımlarını takip ederek çok sıkı çalıştım. İlk ayımdan itibaren yurtdışı promosyonlarını kazanmaya, 6. ayımda Kyäni logolu lüks bir araca binmeye başladım. Ürünlerle ilgili de yüzlerce memnuniyet yorumları ve deneyimleri oluşmaya başlamıştı artık. Bu sayede kusursuz bir sosyal kanıt ortamı oluşmuştu.

Tarihte hiçbir zaman eleştirmenlerin heykellerinin dikilmediğini biliyordum ve ben bazı kişilerin her şeye rağmen hala konuşup eleştirdiği sıralarda 20 yaşımda Avrupa'nın gelmiş geçmiş en genç Diamond'ı oldum. Daha sonrasında da Kyäni Türkiye'nin resmi yönetim kurulu olan CEO Council'e seçildim. 21 yaşımda renkli Diamond'lıkların keyfini çıkarmaya başladım. Bu sonuçlar için ödediğimiz bedel; bana ve binlerce kişilik takım arkadaşlarıma hem maddi hem de manevi yönden hakettiklerimizi fazlasıyla verdi.

Öğrendiğim ve çok doğru bildiğim bir şey daha vardı: Allah fındığı verir, kabuğunu soymaz. Bir şey istiyorsam gidip ve alacak cesaretim olmalıydı. Kyäni'de başarılı olmuş kişilerin izinden gitmek yerine, Kyäni'yi bilmeyen, tanımayan kişilerin söylemlerine kulak assaydım, şu anda Türkiye'de yaşayanların %99'una çizilene benzer bir yolda hayatımı idame ettirmeye çalışıyor olurdum. Şimdi ise hayatı tam anlamıyla doya doya YAŞIYORUM!

Sizin kaderinizi çizmeye çalışan; başkalarının sizi götürmeye çalıştığı yola değil, yol olmayan yerden gidip, bu kitabın ve bu kitaptaki yazar liderlerin öğrettiklerinin de katkısıyla, geçtiğiniz yerlerde iz bırakacak cesaretiniz ve inancınızın olması dileğiyle...

NEXT GENERATION MARKETING'İN ŞİFRELERİ

BARIŞ DİKER
GREEN DIAMOND

Merhaba, 1982 doğumluyum, Sakarya Üniversitesi bilgisayar programcılığı mezunuyum.

10 sene yazılımla uğraştım, maaşlı bir işte de çalıştım kendi işimi de yaptım. Maaşlı çalışırken sınırlanmak, kendi işimi yaparken de büyümeyle birlikte kendime ayırdığım zamanın azalıp sorumluluk ve risklerimin artması beni endişelendiriyordu.

Aynı sorunları yaşayan bir arkadaşımla çözüm ararken KYÄNI ile karşılaştık. İlk başta ön yargılıydım ama arkadaşım hızlıca işe koyulmuştu. Onun KYÄNI'ye odaklanması beni de cezbetti. Sonra bu işi detaylı incelediğimde kendi sektöründe uygulanması ve başarı elde edilmesi en kolay çalışma şekli olduğunu fark ettim ve bana getirebileceği maddi ve zamansal özgürlüğe de ihtiyacım vardı.

Denemek için başladım. 3 ay sonra diğer işimi kapatıp sadece KYÄNI yapmaya başladım. Şu sıralar KYÄNI ile 3. senemi doldurdum ve istediğim zamansal ve maddi özgürlüğe sahibim. Darısı sizin başınıza.

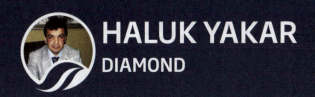

HALUK YAKAR
DIAMOND

1966 Adana doğumluyum. İşletme fakültesi mezunuyum. Adana SMMM Odasına kayıtlı serbest meslek mensubu olmakla birlikte uzun yıllar özel sektörde yöneticilik ve ticaret yaptım. Amerika'dan Çin'e yirminin üzerinde ülkede bulundum ve nihayetinde çalışmaya tövbe edip emekli olmuştum ki 2 yıl önce Kyäni'yle tanıştım.

Başlangıçta ne kadar büyük bir işin içine girdiğimin farkında değildim. Çünkü bizin eğitim sistemimizde ve ticari geçmişimizde bu sektörle ilgili bir bilgi yok. Ortada sağlıklı yaşamak isteyen herkesin işine yarayacak üç adet ürün vardı ve beni iş hayatından bezdiren hiçbir dezavantaj yoktu.

İşin içine girdikçe ve inceledikçe gördüm ki Kyäni'de hangi konuya el atsam arkasında somut temelleri olan zekice kurgular gördüm. Kyäni karmaşık iş hayatını sadeleştirerek öyle bir dizayn etmiş ki özlediğimiz hayat tarzına dönüştürmüş. Kendim için bir iş planı hazırlamaya kalksam bu kadar iyi hazırlayamazdım. Gün geçtikçe de hayranlığım artmaya devam ediyor.

Benim de bir kişi olarak başladığım bu yolculukta ekibim 1.800 kişiye ulaştı. Kyäni; yaşınız, eğitiminiz, cinsiyetiniz ne olursa olsun yeterli sermayeniz ve yeterli tecrübeniz olmasa dahi yapabileceği bir iş. Bir süre aktif çalıştıktan sonra sizden bağımsız işleme ve büyüme potansiyeli olan bir sistem. Dünya çapında bir yapının parçası olursunuz ve başardığınızda sadece sizin hayatınızı değiştirmekle kalmayıp çocuklarınıza bırakabileceğiniz bir miras olur.

Bu işte profesyonelleşerek ayağınıza kadar gelmiş bu fırsatı değerlendirmenizi dilerim. Kariyer basamaklarında görüşmek üzere...

HAKAN DEMİRTAŞ
DIAMOND

Ben 1971 doğumlu yani 45 yaşına gelmiş ama kendisini 26 hisseden Ankaralı bir yöneticiyim.

Hayatım boyunca üst düzey yöneticilik yaptım ama ara sıra özgür ve zengin olmak için bazı denemelerim oldu. 4 kez denediğim kendi işimi kurma ve özgür olma hayalim her seferinde hüsranla sona erdi. Bu duyguyu yaşamamış arkadaşlarım için şunu söyleyebilirim, her batış 300 - 400.000 TL gibi bir borç demek ve sonraki adımlarınızı atmaya başladığınızda yaklaşık 3 - 5 yıl borçları temizlemeye uğraşmak demek. Yani hayatınızın birkaç yılını silmeniz anlamına geliyor. Sanırım şimdi her batışın ne hissettirdiğini daha iyi anlamışsınızdır.

Ya başkalarına çalışarak özgür olmamak ya da batma ihtimalinden dolayı cebindeki parayı hiçbir zaman rahat rahat harcayamamak. Bu şekilde mutsuz bir yaşamın içinde kıvranıp dururken, 'artık mutlu olmak özgür olmak istiyorum Allah'ım diye dua ederken ve geleceğe dair ümitlerimi kaybetmeye başlamışken sevgili dostum Tolga Çamsoy Kyäni ile tanıştırdı beni.

Geçmişte yaşadığım birkaç kötü sonla bitmiş network marketing deneyiminden sonra Kyäni'den çok etkilendim. Kyäni'nin tüm dünyada işin başında olması işi çok büyük bir fırsat haline getiriyordu. Genel olarak baktığımda hayatım boyunca ilk defa böylesine büyük bir fırsatla karşılaşmıştım ve bu fırsatı asla kaybetmemeliydim.

Ama asıl önemli olan, Kyäni, sağladığı sağlık, zaman, varlık üçlemesi ile benim hayatım boyunca hayalini kurduğum ancak gerek başkasına çalıştığım gerek para sorunların nedeni ile fırsat bulamadığım "sayfiyede yaşama" hayalime kavuşmam için imkan tanıdı. Kısa zaman içinde sizlerin başarı hikayelerini dinlemekten ve okumaktan son derece mutlu olacağım.

Her zaman söylediğim gibi, "insanları zengin eden fırsatlar yoktur, sadece bir takım işleri fırsata çevirip zengin olan insanlar vardır"

BURHAN VARLI
DIAMOND

37 yaşındayım. Kayseriliyim. Eşimle birlikte Kuşadası'nda yaşıyoruz. 19 yıllık satranç antrenörüyüm ve 6 yıl Kuşadası'nda bir firmanın distribütör yöneticiliğini yaptım. Eşim de 15 yıllık turizmcidir.

Kyäni yolculuğumuz 18 ay önce İstanbul'da başladı. Olur mu olmaz mı, küçük yerde nasıl olur kaygılarının hepsini orada bırakıp Kuşadası'na döndük. Tek başımızaydık ve tüm olumsuz, ön yargılı sözlere kulağımızı tıkadık, sadece başarı hedefine odaklandık.

Sağlık, varlık ve zamanın içinde bulunduğu özgür yarınlarımız için sonuna kadar inandık ve çok çalıştık. Kuşadası'nda bizim gibi vizyonu gören ve inanan dostlarımızla bir hikaye yazmaya başladık. Bu çığ gibi büyüdü ve bir efsaneye döndü. Tek başımıza çıktığımız bu yolda 1000 kişilik bir aile olduk. Öyle bir aile ki dertleriyle dertlenip sevinçleriyle mutlu olan, birbirlerine sonsuz destek veren kocaman bir aile...

18. ayımızda hedefimizin ilk kilit noktasına ulaştık ve hep beraber açtık. Yeni hayatlara dokunmak, mutlu, sağlıklı, gülen insanlar oluşturmak Kyäni'de yaşadığımız en güzel deneyimimizdir. Bu tüm uykusuz gecelerimize, koşturmalarımıza, yorgunluğumuza değer bir şeydi. Kyäni bizim için bir iş değil, bir hayat tarzıdır! Hepimiz hayatımızı daha sağlıklı, daha varlıklı ve daha rahat yaşamayı istiyoruz. Kimse buna hayır diyemez. Hayatınızı bu ölçüde değiştirmenin de bir bedeli olmalı!

Hayatınızı gerçekten değiştirmek konusunda SAMİMİYSENİZ özgürlüğe MERHABA deyin. Sizin geleceğinize...

ADNAN ÇOLAK
DIAMOND

1976 Trabzon / Sürmene doğumluyum. 19 yıllık evliyim, 7 ve 17 yaşında iki kız babasıyım. 23 yıllık turizm hayatımda bir çok 5 yıldızlı otelde profesyonel yöneticilik yaptım. Son olarak 11 yıl boyunca 2.400 yataklı bir resort otel ve DoubleTree by Hilton Kuşadası'nın Satış ve Pazarlama Direktörlüğünü yaptım.

Bundan yaklaşık 1 yıl önce, 30 Nisan 2015 tarihinde sevdiğim aile dostlarım bana bir proje ile geldiler. A planlarına dokunmadan yapabileceğimizi söyledikleri bu proje, daha önce hiç bilgimizin olmadığı bir sektör ile ilgiliydi.

Arkadaşlarıma güvenerek başladığım projede, 3. ayda part time yapmama rağmen o zamana kadar 22 yıldır yaptığım turizm otelcilik sektörünü bana sorgulattı. Neticede herkes bir işi belli sebeplerden dolayı yapar. Çalıştığım sektördeki belirsizlikler sadece benim değil, sektör içindeki tüm çalışanların 1 yıl sonrası kendilerini nerede olabilecekleri hususunda, bırakın planı hayalini bile öldüren bir sonuç oluşturuyordu.

Kyäni'yi part time yaklaşık 10 ay yaptım. Son 3 ay tam zamanlı olarak yaptığım Kyäni'de ilk ayımda Ruby, 2. ayımda Emerald, 3. ayımda Diamond seviyesine ulaştım. Gözüm tabii ki daha yükseklerde.

Bu ailede öğrendiğim en önemli husus, siz bir adım gelirseniz Kyäni size tüm kapıları açar. Dünyada sahip olan ile olamayan arasındaki tek fark istemek değil "Harekete geçmektir". Sağlıkla kalın...

ELVAN BÜKÜŞOĞLU
BLUE DIAMOND

Bazen yaşam göz kırpar bize. Böyle bir andı Kyäni'nin karşıma çıkması... Sevgili arkadaşım, dostum Sibel Özdemir bana ürünleri getirdi ve ben 4. gün Kyäni ailesinin bir ferdiydim.

Yaşaması çok keyifli bir altı ay ve sonunda Mayıs ayı için hedeflediğim Diamond hedefimi, 2016 haziran ayında gerçekleştirdim.

42 yaşındayım, keyifli ve kariyerli bir iş yaşamım oldu. 6 yıldır da çok arzu ettiğim kendi işimin sahibiyim. Aslında yaşam bana düşlediklerimi hep sundu. Harika bir eşim var, zeki, yakışıklı, duyarlı gurur duyduğum bir delikanlı oğlum var ve bir de güzeller güzeli 19 aylık bir kızım. Güzel bir evim, muhteşem dostlarım... Ne ister ki insan.

Ürünlerin gücüyle başlayan serüvenim, pazarlama planını görünce bütün hızımla beni harekete geçirdi. Yaptığım işleri hep severek yaptım aslında... Ama kurallarını sevmediğim oldu, şirketimi sevmediğim oldu, ekip arkadaşlarımı sevmediğim oldu ya da kazancımı. Kyäni'de her şeyi sevdim. Sanırım işime aşık oldum.

Çok kolay demeyeceğim bu iş için ama şimdiye kadar yaptığım en kolay iş demeliyim. Çok güzel insanlarla tanıştım. Sadece banka hesabım değil, yaşamım zenginleşti.

Birileri bana hayır dediğinde, sadece onlara yardımcı olamadığım için üzülüyorum.

Bu işte başarılı olmak istiyorsanız, düşleriniz olmalı. Düş kurmalısınız delice, nerede olmak istiyorsanız, kimlerle olmak istiyorsanız, nasıl bir anın parçası olmak istiyorsanız önce siz inanmalısınız düşünüze.

Uyanmak istediğiniz sabahlara, beraberce Sevgili Kyäni Ailem...

NEXT GENERATION MARKETING'İN ŞİFRELERİ

YALÇIN KAVLAK
BLUE DIAMOND

Merhaba,

Ben 2016 yılının mart ayının son haftasında başladım Kyäni yolculuğuna...
İlk günler büyük bir heyecanla ticaretimi yapmak için azimle canla başla çalışmaya başladım. İlk sunumum aşırı şiddetli, korkunç bir 'Hayır' ile sonuçlandı; üstüne de bir sürü tavsiye aldım "Bırak bu boş işleri" diye. Oysa ben zaten aylardır işsizdim ve bana hiç kimse "Yalçın, Bırak bu boş işleri, git bir iş yap" dememiş olmasına rağmen böyle bir tavsiye almaya başladım insanlardan.

Yalçın Kavlak yılmadı yoluna devam etti, çalışmaya devam etti, 'Hayır' almaya devam etti... Birgün yetmişinci sunumumu yapmak üzere ve yetmişinci hayırımı almak üzere bir kontağımla yeniden görüşmeye gittim. İşi anlatırken neyle ilgili olduğundan bahsetmemek için onu dükkandan dışarı çıkartarak, herhangi bir kafede oturarak işi anlatma teklifinde bulundum. Fakat kendisi ısrarla dükkanda işi anlatmamı istedi. Ben de bunun üzerine ona işi anlatamayacağımı söyledim, ancak dağda gezerken bir define bulduğumu, bu hazineyi paylaşmak için arkadaşlar aradığımı mecazen anlatmaya çalıştım.

Bana verdiği cevap aynen şöyleydi: "Yalçın gömü işi çok sakat, jandarmalar kol geziyor, aman dikkat et!" Bu cevabın üzerine gerçekten titredim, bütün damarlarım çekildi ve sinir krizi geçirdim.

Eve gittim, bir daha düşündüm, videoların tamamını bir daha seyrettim, profesyonel ol diye bir kitap okudum. Ayrıca Sayın Emre Topçu, Sayın Ziya Şakir Yılmaz'ın emek vererek hazırladıkları videoların tamamını seyrettim. Nerede hata yaptığımı öğrenmeye çalıştım ve sonunda da buldum. Çünkü ısınma yapmıyordum, çünkü soru sormuyordum, çünkü karşımdaki insanın bu ticareti yapıp yapamayacağına dair doneler hakkında hiçbir fikrim yoktu.

Bu olaydan sonra görüşmelerimi daha dikkatli yapmaya başladım; insanlara sorular sorup adeta bu ticareti yapıp yapamayacağına dair önbilgiler almaya başladım. Hiç durmadan, hiç yılmadan her gün onlarca görüşme yaptım. 5 aylık yolculuğumda ortalama 1000 tane görüşme yaptım. En sonunda da 'Diamond' kariyerine ulaştım. Bugün ise Kyäni Yolculuğum'un 'Blue Diamond' durağındayım.

Peki bitti mi? Size bir şey söyleyeyim mi, ben her gün halen en az 10 tane görüşme yapıyorum. Bu görüşmeler dışında, ekibimde liderleşebilecek insanları çalıştırıyorum, onlara dersler veriyorum, sorumluluklar veriyorum, ödevler veriyorum, onları yetiştiriyorum.

Tüm ekibimle beraber daha nice renkli diamond'luklara...

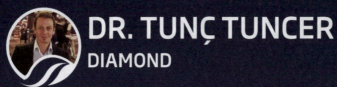

DR. TUNÇ TUNCER
DIAMOND

20 yıldır doktorluk yapıyorum. Fakat şunu belirteyim o kafanızda canlandırdığınız şekilde doktorluk yapmıyorum. Turizmde oteller, gemiler ve acentalara sağlık hizmeti organize ediyorum. Bu benim için sadece bir meslek. Hayatımı kendi istediğim şekilde biçimlendirdim.

19 yıldır ralli pilotuyum ve hızı severim. Bir arama kurtarma derneğinde 6 yıldır gönüllüyüm ki bu hayatımda hiçbir şeye değişmeyeceğim bir konu. Başka canlılara karşılıksız yardım edebilmek ve takım ruhu benim için herşeyden daha önemli. Dünya gezginiyim. Sırtçantamla gittiğim ülkelerin sayısını bilmiyorum. Gezginlerin hepsinin empati yeteneği çok gelişir çünkü dil farklıdır ama hissederek anlamayı öğrenirsiniz. Dağcılık yapıyorum ki bu da bana kısıtlı imkanlarla zirvelerde yaşayabilmeyi öğretti. Her zaman öğrenci olmayı severim, çünkü hayatta herkesten öğrenilecek şeyler vardır.

Kyani işi bana birçok yerden geldiğinde aslında kimseyi dinlemedim ve kendim araştırmayı tercih ettim. Bulduğum sonuçlar hem ürünler olarak hem de ticari olarak beni çok heyecanlandırdı. Şu ana kadar hem maaşlı çalışmıştım, hem de son 15 yıldır da gayet başarılı şekilde kendi kliniğimi işletiyordum. Fakat böyle akıllıca dizayn edilmiş bir işle ilk kez karşılaşmıştım ve girme kararı verdim.

İlk yaptığım şey son derece yoğun şekilde eğitimlerimi tamamlamak oldu. Çok iyi bir ekip kurdum ki, yardımlaşmanın gücüne inanırım. Doğru kişileri işe alarak ekibimi kurmaya devam ettim. Team Synergy'yi oluşturmaya başladım ki bu başarı onlarındır. İlk ayın sonunda 43 bin puanla Ruby kariyerinde bitirdim. Benden daha önce en kısa zamanda 5 ayda 'Diamond' kariyerine ulaşan olmuştu. Bunların hiçbirine bakmadan, yarışçı ruhuma da güvenerek, bu işi ne kadar iyi yapabileceğimi değerlendirdim ve ikinci ayımda Diamond olma kararı verdim. Kararı verdim derken Emerald'ı asla kabul etmeyeceğim bir karardı bu. Bizim yarış camiasında bir laf vardır "second is the best looser" yani "İkinci: en iyi kaybedendir" diye :) Çocukluğumda hediye gelen 35 yıllık koca şampanya şişesini masaya çıkardım ve bu ay sonu patlıyorsun dedim. Başkalarının rekorları değil benim, bizim ne yapabileceğimize odaklandım. Çok sağolsunlar ekibim benim tereddüt ettiğim anlarda bile bu iş oldu merak etme diyecek kadar sağduyulular. Sonunda o şampanya patladı.

Şimdi size soruyorum; girdiği ilk iki ayında Diamond hedefini benden başka kim koydu? Hiç kimse. İşte bu işin sırrını öğrenmiş oldunuz. Artık hepimiz aynı yoldayız. Lütfen bu rekoru kırın... Saygılarımla.

NEXT GENERATION MARKETING'İN ŞİFRELERİ

CANKAT KOÇBAY
DIAMOND

Herkese Merhaba,

39 yaşındayım, aile babası – iş adamı – girişimci - işletme uzmanı sıfatlarımın yanına artık ağ pazarlama profesyoneli tanımı da eklendi. "Evet, ben artık bir ağ pazarlama profesyoneliyim!"

2014 yılının Aralık ayında Kyäni ve endüsrtri ile tanıştım. O günden itibaren bu işi bir meslek edindim ve düzenli olarak tempo koymaya başladım, sürekli olarak uzmanlaşma ve büyüme çabaları ortaya koydum; sürekli çalıştım ve azimle çalıştım, başarı kriterinin sadece kazançtan ya da takım büyüklüğünden olmadığını çok iyi biliyordum. Başarının sürece yayılan bir olgunluk evresi ile geleceğini ve yapmam gereken tek şeyin sürekli tekrarlamak olduğunun farkındaydım.

Zorlukların karşısında ayakta kalabilme direnci bence bu mesleğin anahtarını oluşturmakta ve bu direnci koyabilmek için de uzun vadeli hedefler oluşturmak gerekiyor. Uzun vadeli hedefler sizin daha geniş persfektif ile bakmanızı ve zorluklar ile başa çıkabilmenizi sağlıyor. Şimdiki zamanı düşünmeden 5 yıllık, 10 yıllık planlar yapabilmek!!! İşte SIR burada! Bu planınızdan sonra yapmanız gereken tek bir şey kalıyor: Hergün kalkmak, Kyäni dükkanını açmak, Kyäni işinize gitmek ve sabırla bunu yapmaya devam etmek... Özgürlük ve Mutluluk anahtarı işte burada.

Bu yazı vesilesi ile Kyäni Türkiye Ailesi'ne, A Takımı'ndaki yoldaşlarıma sonsuz teşekkürlerimi gönderiyor, herkesi kucak dolusu sevgi – saygı ve derin muhabbetlerim ile kucaklıyorum.

Saygılarımla...

FURKAN ÇİTE
BLUE DIAMOND

1992 İstanbul doğumluyum. Galatasaray Üniversitesi Deniz Ulaştırma ve İşletme Bölümü mezunuyum. Mesleğimi sadece 1 hafta yaptım. Çünkü maaşlı işler bana göre değildi. Aynı zamanda İstanbul Kavacık'ta Otağtepe Cafe - Restaurant adında bir mekanımız var ve 5 yaşından beri ticaretin içerisindeyim.

İşletmemizde ticari sıkıntılarla boğuşurken, hayatta sıkılmışken, zaman özgürlüğüm elimden alınmışken, "hayat böyle geçer mi?" diye düşündüğüm farklı bir arayış içerisindeyken, hiç tanımadığım bir müşterim sayesinde Kyäni ile tanıştım.

İlk başta belirli önyargılarım vardı. Şirketi, ürünleri ve pazarlama planını inceledikten sonra Kyäni'ye aşık oldum ve inandım.

İnsanların %5'i "inanırsam görürüm" der, insanların %95'i ise "görürsem inanırım" der. Ben en başta, ilk gün inanmayı tercih ettim.

31. ayımda Diamond kariyerine ulaştım ve daha yeni başlıyoruz. Benim için uzun bir yolculuktu. Bu yolculukta bir çok aşamadan geçtik. Birçok sıkıntı yaşadık. Kyäni ticaretini bırakmayı bile düşündüm ama içimden bir ses hep "devam et, muhakkak başarılı olacaksın" dedi. Devam ettim, sadece devam ettim. Kendimi geliştirdim ve her seferinde kendime "Zorlanıyorsan Doğru Yoldasın" dedim.

Her yaptığım sunum, her katıldığım toplantı beni daha çok heyecanlandırdı ve daha çok umutlandırdı. Ne olursa olsun devam edin. Çünkü bu ticarette her sorunun muhakkak bir çözümü var.

Kyäni ticaretinde en sevdiğim noktalardan bir tanesi içerisinde hep iyi insanlar var. Negatif, mızmız, içinde kötülük olan insanlar burada başarılı olamaz. Bu tarz kişilerin mutlaka kendilerini değiştirmeleri gerekir. Çünkü burada "İyi insan çekim alanı" var.

Kyäni ticaretinde ne kadar iyi olursanız olun, ne kadar motivasyonunuz yüksek olursa olsun, işinizi ne kadar iyi yaparsanız yapın, deneyimlediğim tecrübe ile sabittir; bu ticarette ancak takımınız kadar güçlüsünüzdür.

Bu başarı benim başarım değil. Bu başarıyı; Ferhat, Yalçın, Mehmet, Murat, Mustafa, Aylin, Ersan, Orhan, Mine, Kamil, Ferhan, Bahattin, Hasan ve ismini buraya yazamadığım bütün takım arkadaşlarımla birlikte başardık. Bizim takımımızda "BEN" diye bir kavram yok. Bu takımda "BİZ" diye bir kavram var.

Bu kariyer benim kariyerim değil bizim takımımızın, Rekor Akademi takımının kariyeridir. Hedefimiz; tüm dünyada takımımızdan en az 1.000 tane aile bireyimizi Diamond Plus kariyeriyerine çıkartmak ve bunu başarana kadar durmamak.

" BİZ DIAMOND OLDUK "

SİBEL ÖZDEMİR
DIAMOND

İletişim Fakültesi mezunuyum. Yıllarca çeşitli sektörlerde yöneticilik yaptım. Kurumsal bir firmada Satın Alma görevini yürüttüğüm sırada hayatımı sorguladım ve gelirimin iyi olmasına rağmen attığım her adıma patronum karar verdiği için mutlu olmadığımı farkettim ve bir daha asla maaşlı bir işte çalışmama kararı alarak işimden ayrıldım. Ardından da radikal bir kararla 40 yılımı geçirdiğim Ankara'ya veda ederek 1,5 yıl önce İzmir'e taşındım.

Kyäni ilk olarak 2012 yılının sonlarına doğru bu kitabın yazarı 25 yıllık arkadaşım Hakan Dalkılıç tarafından karşıma çıkmıştı ama o kadar önyargılıydımki arkadaşımı dinlemedim bile. Daha sonra Ekim 2015'de başka bir arkadaşım bana Kyäni den bahsetmek istediğinde; "ben satış yapmak, etrafımdakileri sürekli kayıt gibi görmek istemiyorum, zaten İzmir'e yeni taşındığım için çevrem de yok" diyerek onu da dinlemek istemedim. Ama bana "sırf bunlar nedeniyle bu işi incelemelisin" dedi. Yine de önyargımı kıramamıştı. Konuşmamızdan birkaç gün sonra rüyamda rahmetli annemle babamı gördüm ve bana harika bir kapının eşiğinde olduğumu gösterdiler. Bir iki gün sonra da sevgili kuzenimin baktığı faldan sonra işi incelemeye karar verdim. Dinlediğimde işe, kullanmaya başladığımda da ürünlere hayran kaldım.

İlk bir ay sponsorum başka bir şehirde olduğu için Dreamteam sitesindeki bütün videoları izleyerek ve önerilen kitapları okuyarak geçirdim. Ardından kampa katıldım. Döndüğümde ise plan yapıp hedefime odaklandım ve negatif her şeye kendimi kapatarak sıkı bir çalışma temposuna girdim ve 10. ayımda DIAMOND" kariyerine ulaştım. Başından beri hiçbir zaman kendi kariyerime odaklanmadım. Biliyordum ki ekip arkadaşlarım kariyer yaptıklarında ben de zaten yapacaktım. Bu düşünce ve disiplinli çalışmamın ardından bu süre içinde ekip arkadaşlarımdan bir diamond 3 emerald ve bir çok ruby, safir çıktı.

Çok kolay olmadı yolculuğum. Çok hayır duydum. Dalga geçenler yapamazsın diyenler oldu. Başladığı halde en ufak zorlukta pes edenler oldu. Ama ben hiç bırakmadım. Hiç inancımı yitirmedim. Ailemi kaybettikten sonra tek bir hayalim vardı o da onların adına yaptırmak istediğim bir ilk okul. Hiç hayalime bu kadar yaklaşmamıştım. Bu işi yapmak için nedenim o kadar güçlüydü ki beni kimsenin yolumdan döndürmesine izin vermezdim.

Kyäni'de oyunda kaldığınız sürece kesinlikle para kazanıyorsunuz. Ürünlerimizi kullandığınız sürece kesinlikle daha sağlıklı ve enerjik oluyorsunuz. Ama bir şey daha kazanıyorsunuz ki tarifi inanılmaz. İşiniz sayesinde farklı illerden hatta ülkelerden bir sürü güzel insan hayatınıza giriyor ve sırf bu işi başlamalarına sebep olduğunuz için size sonsuz kere teşekkür ediyorlar. İşte bu duygu paha biçilemez.

İnsanların hayatlarına dokunmayı seviyorum. Biliyorum ki daha bir çok kişinin sağlığına ve varlığına kavuşmasına Kyäni sayesinde vesile olacağım. GoKyäni!

ALİ KOÇOĞLU
DIAMOND

1979 Kırıkkale doğumluyum. Marmara Üniversitesi Tarih Bölümü mezunuyum. Üniversite zamanında yarı zamanlı olarak başladığım havacılık mesleğim THY bünyesinde çeşitli departmanlarda 15 yılboyunca sürdü. Son 5 yılı Kabin Memuru görevinde dünyayı dolaşarak geçti.

Dışarıdan göründüğü kadarıyla, kazancı ve sosyal ortamı sebebiyle herkesin isteyebileceği bir meslek sahibi olmama rağmen, hem sağlık hem de zaman açısından fakir olduğumu fark ettim. Bu, insanların içinde oldukları zaman çoğunlukla fark edemediği ve ömürleri boyunca acı çektikleri bir durumdur. Bu durumun ayırdına varmak bazen radikal kararlar almanıza sebep olur. Neyse ki ben bu radikal kararımı alırken yanımda Kyäni vardı ve 15 yıllık, 8.000 TL civarı maaşlar aldığım, tüm gençliğimi geçirdiğim mesleğimden erken emekliliğimi isteyerek ayrıldım.

Şu an Kyäni işinde olun olmayın kendinize sormanız gereken çok önemli bir soru var: "Bu benim hayatım ve hayata bir kere geliyorum. Şu an yaşadığım gibi yaşamak istiyor muyum?" Ben de, şu an içinizden kendinize itiraf ettiğiniz gibi, o anki hayatımdan memnun değildim ve o çok önemli kararı verdim.

Kyäni ile hayatımda birçok ilkler yaşadım. İlk kez özgür hissettim. İlk kez gerçekten yardım edebildiğimi gördüm. İlk kez çıkarsız dostluklar kurulduğunu gördüm bu kadar büyük bir toplulukla. Ve şimdi de Ağustos 2016 itibariyle Diamond kariyerine ulaştım. Önceki hayatımda hayalini bile kuramayacağım gelirlere ulaştım. Sıfır km lüks bir araca binebiliyorum. Daha nice ilkler yaşayacağımı biliyorum.

En önemlisi ise, ilk defa kendim gibi olabildiğim, bana biçilmiş roller yerine içimden geldiği gibi yaşayabildiğim bir hayatım var. Kyäni sadece bir iş değil, bir hayat tarzı. Siz de hayatınıza sahip çıkın.

Çünkü bir kez yaşayacaksınız...

BAKİ ÖZGEN
DIAMOND

Merhabalar, 1968 Denizli doğumluyum. İstanbul Üniversitesi Hukuk Fakültesi mezunuyum. Denizli'de, Ocak 1998'den beri serbest Avukat olarak çalışmaktayım. Kasım 2014'te Kyäni'nin muhteşem ürünleri ile tanıştım.

Aslında ilk başlarda Kyäni'ye sağlık odaklı bir bakış açısıyla alaka duydum. Ancak pazarlama planını gördüğümde ve özellikle bu planın hakkaniyet, adalet felsefesi temeline oturan, alın terinin tam karşılığını veren, kısa sürede pasif gelire ulaşmayı sağlayan bir plan olduğunu anladığımda, bu işi yapmalıyım diye düşündüm. Bu ciddi bir fırsattı ve görmezden gelinemezdi benim için.

İlk ayımda Pearl, 5. ayımda Sapphire, 10.ayımda Ruby ve Emerald, 22.ayımda da Diamond kariyerine ulaştım. 22 aylık süreçte 1.070 kişilik bir organizasyonum oluştu. Ancak bu geldiğim nokta, kendi çapım ve kendi emeğimin yanı sıra tüm organizasyonumdaki arkadaşlarımın da alın teri ve emeğinin toplamıdır. Bu nedenle bundan sonraki hedefim organizasyonumdaki alın teri koyan, emek harcayan ve başarma kararı veren tüm arkadaşlarıma yol gösterip destek olmak, onların da aynı hedefe ulaşmasını sağlamak olacaktır. Yani benim için iş, şimdi başlıyor.

Bu 22 aylık Kyäni serüveni bana bir çok şey öğretti. Öncelikle şunu belirtmeliyim ki; "geliriniz kişisel gelişiminizi geçemez". O halde bu ticaretten maksimum faydayı sağlamak ve büyütmek için sürekli araştırarak, kitap okuyarak, video izleyerek kendimizi sürekli geliştirmeliyiz.

Etrafımızdaki kariyerli ve başarılı insanlara baktığımızda bizden daha zeki olmadıklarını görürüz. Ancak onların ortak bir özellikleri olduğunu da fark ediyoruz. O insanlar yaptıkları işe odaklanan, yaptıkları işi ciddiye alan, başarılı olmak için güçlü nedenleri bulunan, düştükleri yerden tekrar kalkıp devam etmek için güçlü bir irade ve cesarete sahip olan insanlardır.

Sadece bunu fark etmek ve bu merkezli çalışmak, Kyäni işinde bizi mutlaka başarılı kılacaktır.

Öyleyse; kendimize bir standart belirlemeli, işimize odaklanmalı, aslında içimizde bulunan çoğu kez farkında bile olmadığımız potansiyelimizi dışarı çıkarmalı, mazeret üretmemeli, sorunları bizim gelişmemizi ve öğrenmemizi sağlayan birer fırsat olarak görmeliyiz. Bu yaklaşım bizim hedefe ulaşmamızı mutlaka sağlayacaktır. Kyäni'de asla kaybedemeyiz. Ya bırakırız ya da kazanırız.

Ünlü filozof Epikür'ün bir değişiyle sözlerimi tamamlamak istiyorum." Hayatta başımıza gelen olaylar bizim seçimimiz değildir. Ancak bu olaylar karşısında nasıl davranacağımız ve ne yapabileceğimizi seçmek bizim elimizdedir." Kendi seçimlerinizi kendiniz belirleyebilmeniz dileğiyle, sevgiyle kalın, Kyäni'de kalın!

ŞAMİL ATASOY
DIAMOND

1995 İstanbul doğumluyum. Özyeğin Üniversitesi İnşaat Mühendisliği'nde okuyorum. Ticarete olan ilgim küçük yaşlarda oynadığım Monopoly ve İpek Yolu ile başladı. Lise yıllarımda özel dersler vermeye başlamıştım. Her şey çok güzel giderken üniversite sınavım istediğim şekilde geçmedi ve hayatımın kontrolünü kaybetmeye başladım.

Kendimi hayatın akışına bıraktığım için İstanbul Teknik Üniversitesi'nde Çevre Mühendisliği okurken buldum. Hayallerimden tek tek vazgeçmeye başlamıştım. Tam hayatımın bu döneminde doktor olan abimle telefonda konuşurken bana insanların sağlıklı beslenebilmesi için özel olarak tasarlanmış bir ürün gamından bahsetti. Kyäni ürünlerini ve bu ürünlerin ticaretini incelerken gerçekten çok heyecanlandım. Hiçbir ön yargım olmadığı için rahat ve hızlı bir şekilde Kyäni ticaretimi kurmaya başladım.

Kyäni iş modeli benim çevrem ile ilgili olmadığı için kendi ailem, aile dostlarım ve yakın arkadaşlarımla başladığım ticaretim 22 ayın sonunda 700 kişilik devasa bir organizasyona dönüştü. Bu başarıyı birlikte alın teri döktüğüm, emek verdiğim Kyäni yolculuğumdaki yol arkadaşlarım: Şadiye, Muhammed, Müşerref, Sevde, Semiha, Sinan, Rukiye, Cahide, Tuncay, Özcan ve ismini buraya yazamadığım tüm ekip arkadaşlarımla birlikte başardık. Bu yolculuğumda bana ve ekibime sürekli destek olan Doç.Dr Mehmet Mahir Atasoy, Arda Çakır, Ali Koçoğlu ve Ziya Şakir Yılmaz liderlerime ekibim ve kendi adıma en içten duygularımla teşekkür ediyorum.

Kyäni ticaretinde tüm hayatınız boyunca yapmanız gereken tek şey; tanıdıklarınızdan bu eşsiz ürünleri kullanacak ve tavsiye edecek bilinçte olan vizyon sahibi kişileri seçerek onların "Sağlık Elçisi" olmalarına yardımcı olmanız ve onlarında sizin yaptığınızın aynısı kopyalamasını sağlamanızdır. Keşkesiz bir yaşam geçirmeniz dileğiyle...

ALPER TUNGA ARAMAN
DIAMOND

İnanmak başarmanın yarısıdır...
Memur aile çocuğu olduğum için hayat hazırlığımdaki telkinleri hep memur ol aldığın parayı bilirsin güvencede olursundu. O yolla hareket ederek önce İş Bankası grubunda risk müfettişi daha sonra yaklaşık 14 sene kadar yöneteceğim ortalama 18-19.000 çalışanın sorumluluğundaki sigorta üretim hedeflerini yöneten Yapı Kredi Sigorta Pazarlama Müdürlüğü görevini yaptım. 4 yıl önce de emekliliğimi isteyerek ayrıldım. Bu süreç içersinde de yıllardır çalışma hayatımdaki birikimim, aldığım emekli tazminat param hazır para olduğu için kısa sürede eridi bitti. Memur zihniyetinde olduğum için serbest ticarete atılamadım, ki zaten yeterli sermaye oluşturacak param da yoktu. Eşim dahil daha önce Network Marketing yapan arkadaşlarımdan da yaşadığım tecrübelere istinaden o işlere de hiç girmedim ve mesafeli durdum. Üniversite öğrencisi olan küçük kızım bana daha önce arkadaşının yaptığı Kyäni iş planından bahsetti onu da hiç dinlemedim. Hayatımda yaptığım hatalardan biri idi.

Aradan yaklaşık 8-10 ay geçti, çok sevdiğim abim, Ömer Pekdiler beni aradı. "Alperciğim emekli olmuşsun, ne yapıyorsun şimdi?" dedi. Ben de, anlattım ona durumumu. Gel bugün bir iş için görüşelim dedi, "Neymiş o abi?" dedim, çok kısa özetledi ve kızımın anlatmaya çalıştığı iş modeli ile örtüşüyordu. Bu sefer hemen gittim ve iyi ki diyorum hep... Neslihan Canioğlu ile yaklaşık 4-5 saat görüştüm, anlattığı şeyler inanılmaz geliyordu. Ama Ömer abimin çıkarsız ve hep iyi yönde telkinler yaptığını bildiğim için tamam dedim ama yine de içimdeki ya olmazsa kuşkusu ile beraber...
Son atım kurşunum olan, o zaman 1.650 TL'yi ve eşimi de üstüme sponsorum olarak alıp + 900 TL'mi kredi kartı ile ödedim çarem yoktu çünkü teslim olmuştum. Evde eşime anlattığımda bana küstü, 4 gün ayrı odada yattı... 2 gün sonra sunumlara katıldım, istemediği halde eşimi de götürdüm. Kyäni üstadı Hakan Dalkılıç'ın prezentasyonu bitince eşim yanıma geldi beni nereye yazdın bir göreyim dedi; çünkü o da sunumda bir şeyleri gördü ve diğer kendi yaptığı Network dışında, ayakları yere basan başka bir plan olduğunu anladı. Bu bana cesaret verdi önce yakın akrabalarımı ve arkadaşlarımı sisteme aldım 3 hattımı kurarak... Bir baktık ki ilk perşembe günü hesabıma 792 TL yatmıştı. "Aman Allahım! Doğru." dedim bu sefer, süratle iş planımız için kendimi yetiştirdim okuyarak, eğitimlere, kamplara katılarak...
Ekibim büyümüştü bu 17 ayda. Yaklaşık 500 ortak sayısına ulaşmıştım ama hatlarımın dengesini kontrol edemediğim için hatlarımda çökmeler oldu. Ama yılmadım, moralimi bozmadım, "Devam Alperim" dedim...

Mayıs 2016'da Kyäni işini All In yapmaya başladım, kasım ayında sayısı 1.500'lere ulaşan iş ortaklarımla Diamond kariyerime ulaştım. Artık emeklilik maaşımın 7-8 katı bir gelirim var ve şu anda Kyäni sayesinde 2 araç sahibiyim...
En yakınınız size bir şey anlatıyorsa pardon deyip, o işler bana göre değil şeklinde kesip atmayın. Ben o hatayı fazlası ile yaptım ve sonuçlarına katlanmak zorunda kaldım. Siz, siz olun kalbinizle beraber aklınızın sesini dinleyin.

"Ben eski kurumumda Kyäni'yi görmüş olsaydım eğer, o koltukta 5 dakika dahi oturmazdım!" İyi ki...

HÜSEYİN BALCI
DIAMOND

28 yaşındayım. Sinop Boyabat'lıyım. Eskişehir Üniversitesi Kamu Yönetimi mezunuyum. 10 senedir İstanbul'da yaşıyorum. 8 sene uluslararası bir dış ticaret firmasında çalıştım, bunun son 4 senesi İthalat ve TSE operasyon sorumlusuydum.

Maaşlı işlerde ilk 4 senede algıladığım; ömür boyu maaşlı çalışacak cesareti görememiştim kendimde. Çünkü buna değmeyeceğini fark etmiştim. Sektörde benden 5-10 yıl önde olan çevremdeki kişilerin hayatlarından memnun olmadıklarını gördüğümde, kendi ticaretimi kurma fikri beni cezbetmeye başlamıştı. Bu süreçte bazı araştırmalar yaparken çalışmış olduğum dış ticaret firmadan çok sevdiğim bir arkadaşım beni aradı ve bir iş modelinden bahsetmeye çalışıyordu. Algılayamadığım için kendisine sonra görüşürüz dedim. Takip eden süreçte bir hafta boyunca aynı şeylerden bahsedince arkadaşımı kırmamak için davetini kabul ettim. Mecidiyeköy'de beni Kyäni ticareti yapan biriyle görüştürdü. Anlatan kişinin acemi ve sektördeki ilk deneyimi olmasına rağmen sunumun sonunda ürünlerin gücü ile 3. ayında 15 bin TL'nin üzerinde bir gelir kazanması beni, Kyäni'yi incelemeye teşvik etti. Bir sonraki gün Kyäni Genel Müdürlüğü'nde Ziya Şakir Yılmaz ile oturup kafamdaki bütün soru işaretlerini sorup, hepsinin %100 cevabını aldıktan sonra Eylül 2013'de Kyäni ticaretini yapmaya karar verdim.

Başlarken ek gelir olsun diye başladığım bu ticarette 12. günümde Sapphire kariyerine ulaştım ve eski işimden aldığım maaşın neredeyse 1.5 katını sadece 12 günde kazandım. Bu beni inanılmaz bir şekilde heyecanlandırmıştı. İlerleyen süreçte bir karar aldım ve ticaretimin 1. yılının sonlarına gelirken maaşlı çalıştığım eski işimden istifa edip ALL-IN olarak Kyäni ticaretini yapmaya başladım. 37. ayımda muhteşem bir ekiple DIAMOND kariyerine geldim. HAYATTA YAPTIĞIMIZ HER ŞEY BİR KARAR İLE BAŞLIYOR VE BU KARARI VERDİKTEN SONRA BAŞARI İÇİN BİR SÜREÇ YAŞAMAK GEREKİYOR. KENDİ ADIMA ALMIŞ OLDUĞUM BU KARARIN KEYFİNİ YAŞAMAKLA BERABER ULAŞABİLDİĞİM HERKESİN HAYATINA DOKUNUP HAYALLERİNİ GERÇEKLEŞTİREBİLMELERİNE VESİLE OLMANIN HEYECANI İLE BU SÜRECİ HAYATIMDA HİÇ OLMADIĞIM KADAR MUTLU GEÇİRİYORUM.

Kyäni bana aslında yaşamımda hep hayal ettiğim ama bir türlü gerçekleştirme fırsatı bulamadığım özgürlüğü verdi. Nasıl mı? SADECE PARA KAZANMAK İŞİ ÇÖZMÜYOR. ÖYLE BİR PARA KAZANMA DİNAMİĞİNİZ OLACAK Kİ İSTEDİĞİNİZ KADAR ZAMANINIZ DA OLACAK. KYANI TİCARETİNİ BİR KEZ KURMAK SİZE ÖMÜR BOYU PARA İÇİN ÇALIŞMAK ZORUNDA OLMAYACAĞINIZ, SEVDİKLERİNİZLE BOL BOL VAKİT GEÇİREBİLECEĞİNİZ BİR YAŞAMI SİZE SUNAR.

Kyäni=BAŞARI=ÖZGÜRLÜK

Son olarak, okuduğum bir kitapta şu satırlar yazıyordu:
HAYATIN 4 TANE ANA KIRILMA NOKTASI VARDIR.
1. DOĞUM, Hangi anne babadan doğarsan bir şekilde hayatın ona göre şekillenir.
2. EVLİLİK, İyi eş, kötü eş seni bambaşka yerlere götürür.
3. ÇOCUK, Hayata bakış açın ve önceliklerin değişir.
4. HAYATINDA KARŞILAŞABİLECEĞİN FIRSATLAR, Karşına çıkan fırsatları ya değerlendirirsin ya da değerlendirmezsin, ya iyi ki dersin ya da keşke dersin.
Kyäni'Yİ CİDDİYE ALIRSANIZ, İYİ Kİ DİYECEĞİNİZ GÜNLER ÇOK YAKINDIR.
SİZİN BAŞARINIZA...

NEXT GENERATION MARKETING'İN ŞİFRELERİ

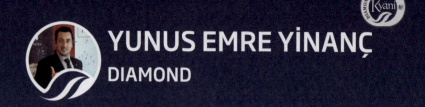

YUNUS EMRE YİNANÇ
DIAMOND

1978 Ankara doğumluyum. TED Ankara Koleji'nden sonra Yıldız Teknik Üniversitesi İnşaat Mühendisliği Bölümü'nü bitirdim. Uzun yıllar süren bilişim, elektronik ve inşaat sektörlerinde sektörünün en iyileri ile çalışma fırsatı buldum.

Çalışmış olduğum firmalarda sorumluluk almaktan hiç kaçmadım, genelde en çok çalışan kişilerden biri olmakla beraber hep hak ettiğimin çok altında kazandığımı düşündüm.

GATA'dan emekli profesör doktor baba ve emekli öğretmen annenin çocuğu olarak hayatım boyunca memur zihniyetinde yetiştirildim. "Memur ol hayatın kurtulsun... 8-5 işin olsun... SSK olsun..." cümleleri ile yıllarca kendi potansiyelimin farkına varamadım. Yıllarca emek verdikleri kurumlardan aldıkları maaşları ve imkanları gören biri olarak bu şekilde bir emeklilik istemediğimi fark ettim. Ama her zaman içimde bambaşka bir girişimcilik ruhu olduğunun farkındaydım.

Yurtdışında da çalışıp döndükten sonra iş arayışım esnasında Manevi Abim ve sponsorum Ziya Şakir Yılmaz nam-ı diğer Zyani ile iş ile ilgili görüştüğümüz esnada bana bambaşka bir iş fırsatı olan Kyäni'yi sundu.

Kyäni yolculuğum 13.07.2013 tarihinde başladı. İlk ayımda Jade, üçüncü ayımda Safir oldum. Safir kariyerim çok uzun sürdüğü için bazı şeyleri değiştirme kararı almıştım ve işe kendimi değiştirerek başladım. 2016 Şubat ayında Ruby, Eylül'de Emerald ve 40. Ayımda Diamond (Şimdilik) kariyerine ulaştım. Kyäni ticaretimde liderlerimin de sayesinde 1 Blue Diamond, 5 Diamond (Şimdilik) çıkarabildik ve benden doğru ticaret 5.800 kişiye (Şimdilik) ulaştı.

Hayatım boyunca dürüstlüğümle ve hep birilerine bir şekilde yardım etmeye çalışarak geçirdim ve genelde de bu iyi niyetim suistimal edildi. Hayatımda ilk defa Kyäni sayesinde hem tam hakettiğimin karşılığını aldım hem de iyi niyetim ilk defa "En Yardımsever Distribütör" ile ödüllendirildi. Takım arkadaşlarımın ve benim daha da renkli kariyerlerinin ayak seslerini şimdiden duyabiliyorum.

Teşekkürler Kyäni!

NEXT GENERATION MARKETING'İN ŞİFRELERİ

İLKER HORASAN
DIAMOND

Herkese kocaman bir "Merhaba". Dolu dolu 18 ayımızı, musmutlu doldurduk Kyäni Ailesinin içerisinde.

1983 Denizli doğumluyum, Akdeniz Üniversitesi Konaklama İşletmeciliği mezunuyum ve 5 seneden beri İstanbul'da yaşıyorum. İş hayatına erken başladığım için 30 yaşına geldiğimde kendimi dinazor gibi hissetmeye başlamıştım artık. Neden mi? Tabii ki de sizlerinde bildiği genel nedenler; stres, mobbing, aşırı iş yükü, 5 çalışanın yaptığı işi sizden tek başınıza yapmanızı beklemeleri.. Yaklaşık 16 sene turizm sektöründe çalıştıktan sonra keskin bir kararla sektörü bıraktım, çünkü madden ve manen bir birim üstü olmuyordu, emeğinizin karşılığını alamıyordunuz artık. Turizm sonrasında ticarete atıldım ve yurtiçi - yurtdışı saış sektöründe yer aldım. Sonrasında kozmetik sektörünün öncü firmalarından birinde uzun süre yöneticilik yaptım ve maaşlı çalışan olarak bulunduğum son şirketimde "İhracat Müdürü" olarak profesyonel kariyerime devam ettim. Bu yoğun koşturmaca ne zamana kadar gidecekti? ve biz ne zamana kadar çalışmak zorundaydık? Bunları sorgularken, 18 ay önce Kyäni fırsatıyla karşılaştık. Dünyanın hem en iyi part-time hem de en iyi full-time işi olan Kyäni ticaretine bizler de herkes gibi önce part-time başlayıp, sonrasında full-time olarak devam ettirmekteyiz. Kariyer yolculuğumuz kamplar ve yurt dışı organizasyonlarla birlikte bambaşka bir boyut almaya başladı. İlk katıldığımız kampta Pearl, sonraki kampta Sapphire, bir sonraki kampta Ruby, Ağustos kampından sonra Eylül ayında Emerald kariyeri ve Aralık kampımızada Diamond Kariyerine ulaştım. Kamp olmadan belki Jade, belki Peal, bir küçük ihtimal Safir olabilirsiniz ancak Safir+ kariyerler, kampa kaç kişi ile katıldığınıza bağlıdır, bizim ekibimizle başarı sırrımız hayati veriler olan kamp ve toplantı katılımlarıdır. Bizden devam eden ticaretimizdeki tüm distribütör arkadaşlarımızın emeği büyüktür. Herkese ve bu ailenin her parçasına tek tek teşekkür ederiz. Odaklanın, kariyer serüveninin ne kadar sürdüğünün hiçbir önemi yoktur! Kyäni Ailesine Hoşgeldiniz.
Sağlıklı Günler Dilerim...

CEM GÜLCAN
DIAMOND

Eskişehir doğumluyum. Anadolu Ünivesitesi'nden mezun olduktan sonra İstanbul'da Koç Holding grubunun gıda ve hızlı tüketim ürünleri sektöründe faaliyet gösteren bir firmasında çalışma hayatıma başladım.

25 yılı aşkın bir süre kurumsal ve uluslararası firmalarda satış yöneticiliği yaptım. Son 5 yıla yakın bir süre Bilim İlaç Grubunun bünyesinde olan bebek bakım ve sağlığı ürünleri ile kişisel bakım ürünleri üreten firmasında satış müdürü olarak çalıştım.

Yıllarca satış yöneticiliği pozisyonlarında çalışmamın getirdiği fiziki ve ruhsal yıpranmadan dolayı, hayatta her şeyin maddi kazanç olmadığı düşüncesi ile 2012 yılının yarısında emekliliğimi isteyerek profesyonel çalışma hayatımı noktaladım. Birçok kişinin hayalindeki veya hedefi olan Ege sahilindeki bir balıkçı kasabasına yerleştim.

2015 Mayıs ayında Kyäni ile tesadüfen tanıştım. Ve o günden sonra hayatımda farklı tecrübeler ve deneyimler başladı. İlk önce sağlık sektöründen gelen tecrübemden ötürü ürünler ilgimi çekmişti. Daha sağlıklı yaşamak ve hissetmek için distribütör oldum. Kazanaç öncelikli hedefim değildi. Distribütör olduktan sonra bir emekli maaşı daha gelirim olsa fenamı olur düşüncesi ile işin kazanç planını incelemeye başladım.

Aslında buz dağının sadece görünen kısmı bana anlatılmış, alt kısmında muhteşem bir plan ve sistem olduğunu keşfettim. 11. ayımda Emerald, 20. ayımda Diamond kariyerine geldim. Ve bu süre zarfında tek yaptığım kullanmaktan mennum olduğum ve tecrübe ettiğim bir ürünü çevreme tavsiye etmek ve anlatmak oldu. Bir çok kişinin hayatına dokunmak, hayallerine vesile olmak en büyük kazanç bence.

Kyäni'yi ben çok büyük bir gelişim havuzuna veya kazana benzetiyorum. Bu havuzun içinde sağlık, varlık, zaman özgürlüğü, bilgi, kendini geliştirme, yeni kişilerle tanışma, kendini yönetme, hoşgörü, ilişki yönetimi, eğitimcilik, yardımlaşma vb. gibi bir çok öğreti ve yaklaşımlar var.

Yeter ki siz bunlardan size uygun olan veya sizin istediğinizi kullanın, bunlardan ne kadarını veya hangilerini almak istediğinize kara verin.

Hangilerinden ve ne kadar faydalanacağınız sizin elinizde, sizinle alakalı. Siz bu kazandan bunları küçük bir kaşıkla mı yoksa büyük bir kepçeyle mi alacağınız size bağlı, İşte Kyäni böyle bir felsefe bu sadece bir ticaret değil, bir yaşam biçimi.

Bir gemi doğuya gider, bir diğeri batıya esen aynı rüzgarlarla, Onların gittikleri yönü belirleyen rüzgarlar değil, yelkenleridir.

MEHMET GÜLER
DIAMOND

SİZİN DE BİR HİKAYENİZ OLMALI

Şu anda okuyacağınız hayat hikayesi, Kyäni ile 2014 yılının Kasım ayının 17'sinde başladı. İstanbul'da Beykoz İlçesinde ikamet ediyorum. Evli ve iki çocuk babasıyım. İstanbul Beykoz'da Kasap Dükkanı olan ve İstanbul'da bulunan restaurantlara et toptancılığı yapmakta olan bir işletmenin ortağı iken yine İstanbul'da Beykoz'da bulunan Otağtepe Cafe Restaurant'a et satmaya gittiğimde Kyäni ile karşılaştım. Sevgili sponsorum yani Otağtepe Cafenin sahibi olan Furkan Çite, "Abi bırak eti, tavuğu sana bir iş anlatacağım, gel bu işi birlikte yapalım" dediğinde çok şaşırmıştım; önce önyargılı bir şekilde şu katalog işlerinden olmasın diye verdiğim tepkiye, ağabeyciğim mutlaka incelemen lazım diye cevap verince dinledim ve anlattıkları karşısında gerçekten çok farklı bir şirket ve ürünleri ile karşılaştığımı anladım. Sonrasında otel toplantısına katılarak ve genel müdürlük ziyaretimin akabinde ürünleri kullanmaya karar verdim. Yaklaşık olarak 13 ay boyunca bu üç muhteşem ürünü kullanmaya devam ettim, ürünlerden görmüş olduğum faydalar karşısında bu firmanın ticareti ile ilgilenmem gerektiğini düşündüğüm süreçte Sevgili kardeşim Furkan Çite'nin 2015 Aralık ayında Antalya'da yapılan kamp davetine icabet ederek orada gördüklerim ile şirketin vizyonunu tam olarak anlamıştım. 2015 Aralık ayında tam olarak Kyäni firmasının ticareti ile ilgilenmeye başladım, 6 ay part time olarak devam ettim, son 6 aydır ise tam zamanlı olarak Kyäni ticareti yapıyorum. Çalışmaya karar verdiğim 12. ayımın sonunda DIAMOND kariyerine ulaştım. Tabii ki bu başarı asla tek başına bana ait değildir. Öncelikle bu süreçte arkamda muhteşem bir güç olan eşim Tuğba Hanım, sonrasında bana inanan ve Kyäni ürünlerini kullanıp, kullanılmasına vesile olmuş ekip arkadaşlarımın başarısıdır. Kyäni ile amacım gerçekten yaşamı boyunca hayalleri ve hedefleri olan insanların kendilerini keşfetmelerine imkan sağlayacak bir iş fırsatını hayatlarına sokmak olacak. Çünkü "Kyäni Hayallerin Hedefe, Hedeflerin ise Gerçeğe Dönüştüğü Yerdir". Bugüne kadar çok farklı hayat hikayelerinin oluşmasını aracılık etmiş olduk, birçok insanın hayatına Kyäni ürünlerini sokarak onların çok daha kaliteli yaşamasını sağlamanın yanında özlemini duydukları, hayallerini kurdukları yaşamın başlamasına sebep olmanın haklı gururunu yaşamaktayız.

Beni Kyäni ile tanıştırarak hayatımda hem maddi hem de manevi anlamda bir çok şeyin değişmesi sağlayan, oğluma ismini vermiş olduğum kardeşim, sponsorum Furkan Çite'ye tüm kalbimle teşekkür ediyorum. Kyäni ile daha fazlasını yaşayabilirsiniz.

Hayattaki en büyük zafer hiçbir zaman düşmemekte değil, her düştüğünde ayağa kalkmakta yatar.

"Yolun sizi götürdüğü yere gitmeyin, yol olmayan yerden gidin. Ve iz bırakın."

NEXT GENERATION MARKETING'İN ŞİFRELERİ

VAHAP MURAT
DIAMOND

Merhabalar,

1966 doğumluyum. İzmir'de yaşıyorum. Ankara Üniversitesi Biyoloji bölümü mezunuyum. Yirmi bir yıl Roche ve Merck Sharp Dohme ilaç firmalarında çeşitli görevlerde çalıştım. Herkesin hayali olan kendi işimi kurmalıyım ve artık rahat etmeliyim düşüncesiyle, 2010 yılında Manisa-Turgutlu ilçesinde sıfırdan yirmi dönüm arazi üzerine bir ortağımla ciddi bir sermaye ile 165.000 kapasiteli yumurta üretim tesisi kurdum.

Malum günümüz ekonomik dengeleri ve sizin elinizde olmayan nedenlerden dolayı maalesef ki ticaretimiz sürekli inişler ve çıkışlar içinde dalgalanmalarla devam ederken içimdeki gelecekle ilgili endişelerimin artmaya başladığı bir günlerde sevgili arkadaşım Dr. Tansel Büküşoğlu Kyäni iş modelinin benim için biçilmiş bir kaftan olduğunu düşünerek beni iş ortaklığına kattı.

Ürünlerin incelediğimde muhteşemdi, keza ticaretin içinde olduğum için kazanç planını inceledim ve dedim ki ben bu işi yaparım. Hem de en iyisini yaparım. İşte inancım oluşmuştu hedeflerim hep benimleydi Mart 2016'da yola çıktım ve kariyerleri sırasıyla atlamaya başlayarak keyifli ve sağlam adımlarla bir ekip kurma yolunda ilerledim. Haziran ayında Ruby oldum ve artık yapmış olduğum yumurta işini sorgulamaya başladım. Temmuz ayında maalesef benim elimde olmayan nedenlerden dolayı ticaretimin etkilendiği bir ülkede ticaretin bana göre olmadığına kararımı verdim ve çiftliğimi 1 Ağustos itibariyle kiraya verdim. Bu arada ürünlerin faydasını iyice görmeye başladım, uykularım düzeldi ve üzerimden çok büyük bir yükün kalktığını fark ettim. Kyäni işimi geliştirmeye başladım ve iş ortaklarımın ticaretlerini kurmalarına ve kariyer yapmalarına odaklanarak Kasım ayında Emerald, Aralık ayında da Diamond kariyerine ulaştım.

Burdan tüm ekibime bana inanıp benimle yola çıktıkları için çok teşekkür ediyorum. Başarının sırrının ekibinizle yapacağınız çalışmalara odaklanmaktan geçtiğini söylemeden geçemeyeceğim.

Haydi, şimdi sıra sizde! Hayallerinizi yaşamak ve özgürlük için harekete geçin ve tüm sevdiklerinizin hayatlarına dokunun ki, onlarla sağlıklı, varlıklı zamanlar geçirebilesiniz...

NEXT GENERATION MARKETING'IN ŞİFRELERİ

TURGAY ÇINAR
DIAMOND

Merhaba Kyäni Ailem...

2000 yılında Ege Üniversitesi Tıp Fakültesi son sınıf öğrencisi bir doktor adayı olarak Bitkisel Tedaviler ile ilgilenmeye başlamıştım. Arkadaşlarım okul kütüphanesinde TUS'a çalışırken ben Almanya'dan getirttiğim Fitoterapi (Bitkisel Tedavi) dergilerini okuyup notlar çıkarmakla uğraşıyordum. 21 yaşında fakülteden mezun olduğumda Türkiye, Rusya ve Almanya'da Doğal Tıp eğitimlerimi tamamlayıp ilk muayenehanemi açtım. Aradan geçen 16 yılın sonunda yaklaşık 60.000 hastanın tedavisini tamamlamış olarak ve hala sadece Doğal Tıp yöntemlerini kullanarak hekimlik pratiğime devam etmekteyim.

Bunu şunun için anlattım: Turizm sektöründen tanıdığım sevgili arkadaşım Hande Arabacı bana Kyäni'den bahsettiğinde zaten profesyonel olarak çalıştığım alan olması nedeniyle; ürünlerin AR-GE ve formülasyon çalışmalarını, hangi bitkinin hangi bitki ile nasıl ustalıkla kombine edildiğini ve sertifikalandırma aşamalarını uzun uzun araştırmış ve ortaya çıkan ürünlere hayran kalmıştım. Bundan dolayı işin business kısmını sormamıştım bile... Neden sonra iş planlarını da inceleyerek Kyäni'yi hekimlik pratiğimin bir parçası haline getirme kararı aldım.

İlk haftanın sonunda sektördeki genel algının çok dışında olarak Kyäni'nin oldukça yüksek profilli bir sosyal yapıya sahip olduğunu gördüğümde açıkçası şaşırmıştım. Kısa süre içinde en yakın çevremden başlayarak gelişen ve birçok meslektaşımın bana eşlik etme kararı aldığı bu yolculukta çok keyifli geçen 5 haftalık bir takım çalışmasının sonunda kendimi Ruby olarak buldum. Ve Ankara'da başlayan organizasyonumuz bu kadar kısa sürede 6 şehir ve 4 ülkeye yayıldı.

Bu aşamadan itibaren işin rengi değişmeye ve artık liderlik kavramı devreye girmeye başladı. O noktada odaklandığım şey kendi kariyerim değil takım arkadaşlarımın kariyer planları, ay sonu hedefleri ve stratejileri oldu. Bu şekilde; onların kariyer ilerlemesini sağlarken aslında benim kariyer yolculuğum da devam etmiş oldu. Ve bu yolculuğun, yine Ruby olarak girdiğim 4. ayı başında aldığım bir kararla Diamond koşusuna başlamış oldum; sonuç itibariyle de 2016'nın son gününde Diamond kariyeri gelmiş oldu.

Ben, bu kariyerin keyifli bir yolculukta alınan küçük bir mola olduğunun farkında olarak desteğini benden bir an bile esirgemeyen 6 yıllık eşim Albina ve 4 yaşındaki kızım Adile ile birlikte daha fazlasını deneyimlemeye devam ediyorum...

Hepimizin Başarısına!

NEXT GENERATION MARKETING'İN ŞİFRELERİ

Doç Dr. MEHMET MAHİR ATASOY
DIAMOND

2001 yılında Cerrahpaşa İngilizce Tıp Fakültesi'nden mezun oldum. Halen Maltepe Üniversitesi Tıp Fakültesi'nde Girişimsel Radyoloji bölümünde öğretim üyesi olarak çalışmaktayım. Radyoloji, bilindiği üzere ultrason, mamografi, MR ve bilgisayarlı tomografi gibi cihazlar ile hastalıkların teşhislerin yapıldığı bir bölüm. Girişimsel Radyoloji 'de ise modern teknolojiyi kullanarak eskiden ameliyat gerektiren bazı hastalıkların, yeni yöntemler ile ameliyatsız olarak tedavilerini yapmaktayız. Ben çalışmalarımı özellikle, meme kanserinin erken teşhisi, meme kitlelerinin, tiroid nodüllerinin ve bacak varislerinin ameliyatsız tedavileri üzerine yoğunlaştırmış durumdayım.

Ülkemizde her geçen gün artış gösteren hastalıklar ve bunların neden olduğu kayıplar çok ciddi bir seviyeye gelmiş durumda. Kanser ve diğer hastalıkların gösterdiği bu artış ekonomimiz üzerinde de çok ciddi finansal bir yük oluşturuyor ve bu artık sürdürülebilir olmaktan çok uzak bir noktada. Bu nedenle, insanların mümkün mertebe hastalıklardan korunabilmesi için üniversitedeki profesyonel çalışmalarımın yanında 2010 yılından itibaren, sağlıklı yaşam tarzının ve beslenmenin önemi konularında hekimlere ve halka yönelik Koruyucu Hekimlik Seminerleri veriyorum. Amacım, insanlar bilinçlensin ve bu sayede doğru seçimle yaparak hasta olmasınlar, hasta olurlarsa da erken teşhis ve ameliyatsız tedaviler ile kolayca tedavi olabilsinler.

Bu seminerlerde, yıllar içinde besinlerimizin içeriğindeki fakirleşmeyi (vitamin ve mineral açısından), bu fakirleşmenin hastalıklar ile ilişkisini ve alınabilecek önlemleri anlatmaya çalışıyorum. Ayrıca, sağlık açısından hayat tarzı değişikliklerinin, psikolojik faktörlerin önemini ve onları nasıl yönetebileceğimizi, epi-genetik yapımızdaki zayıflıkların yönetimini, vücudumuzdaki ağır metal ve benzeri toksin yükünün zararlarını ve kurtulma yollarını, besin desteği kullanmanın önemini, besin desteği kullanırken nelere dikkat edilmesi gerektiğini paylaşıyorum. Kyani ürün seti, içerik ve dizayn olarak çok etkileyici. Modern hayat tarzı nedeni ile artık her zamankinden daha da çok ihtiyaç hissettiğimiz antioksidanların, vitaminlerin, minerallerin ve omega 3 ün kolaylıkla kullanılabilir bir set halinde sunulması dâhice bir fikir. Kyani bu setin kullanımının yaygınlaşması adına Next Generation Marketing (Yeni Nesil Ticaret) adını verdiği çok farklı bir ticari model ile ürünlerini insanlara ulaştırma yolunu seçmiş. Bu sistem ile öncelikle ürün kullanıcılarının marka elçisi olması ve kullandığı/memnun kaldığı bu ürünleri tavsiye ederek gelir elde edebilmesini sağlanıyor, işlemler tamamen e-ticaret mantığı ile işlediğinden, isteyen herkes neredeyse SIFIR risk ile ciddi bir ticaret kurabiliyor.

Her zaman, güzel bir fikrin hızla yayılabilmesi için, beraberinde adil bir şekilde kazan-kazan ilişkisi kurulmuş ticari bir model olmasının gerekliliğine inanırım. Kyani, ticari modeli ve ürünleri ile milyonlarca insana sağlık ve zenginlik kazandırabilecek bir potansiyel taşıyor. En önemlisi, Kyani sayesinde binlerce insan ile koruyucu hekimlik felsefemi paylaşma imkânı buluyorum ve artık birer marka elçisi olmuş olan sevdiklerim ile birlikte ciddi gelirler elde ediyoruz. Bu büyük ailenin bir parçası olmaktan çok mutluyum.

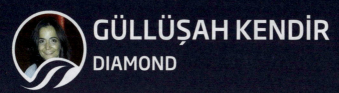

GÜLLÜŞAH KENDİR
DIAMOND

Marmara Üniversitesi İktisadi İdari Bilimler Fakültesi mezunuyum. Her zaman idealist ve hayalleri olan biriydim. Bu sayede üniversiteden mezun olduktan iki ay sonra hayal ettiğim işe sahip oldum. Muhteşem bir kariyer planı benim için hazırdı. Ancak aslında yapmak istediğim işin bu olmadığına, sürekli ofis ortamında çalışmak istemediğime karar verip istifa ettim.

Akabinde ablamla birlikte çok büyük bir heyecanla kendi işimizi yapmaya başladık. Ancak kimsenin ummadığı ekonomik krizler geleceğe endişe ile bakmamıza neden oldu böylece yaşamımızı değiştirdik.

14 yıl önce Spa endustrisine Spa Müdürü olarak adım attığımda aradığım işi bulduğuma karar verdim. İnsanlarla konuşup, onların ihtiyaç ve tercihlerini anlayarak, en doğru faydayı vermeye çalıştığım, 17 yaşımdan beri ilgilendiğim spirituel konuları da harmanlayabildiğim bir işim vardı, artık Reiki master'iydim. Hindistan'da bir yoga üniversitesinde aldığım eğitimle yoga ve nefes eğitmeni olmuştum. Bedeninin, ruhunun ve zihninin bütünlüğünü sağladığım bir iş olduğu için her gün şükrediyordum. Bu tutkuyla, büyük bir sabır ve çok çalışmayla kariyerimde yükselmeye başladım ve uluslararası zincir bir otelin en çok güvenilen Spa Direktörlerinden biri olarak yurtdışı kariyerine başladım. Yeni marka yapılandırma ve açılışlarda görev aldım. Hiç yılmadan çok çalıştım.

2015 yılının son aylarında Hint Okyanusu'nunun ortasında 60 km'lik bir adada yeni bir otelimizin açılışında günde ortalama 16-17 saat çalışırken ruh, beden, zihin bütünlüğünden çok uzaklaştığımı fark ettim. Çok yorulmuş, odaklanamama, gece uyuyamama, yasam enerjimin zayıflaması gibi beni ciddi sorunlara taşıyacak problemlerle karşılaşmaya başlamıştım. Çok sevdiğim işimi artık sorguluyordum. Önceliklerim değişmeliydi. Bir alternatife ya da B planına ihtiyacım vardı.

Bu düşünceler içindeyken, Aralık 2015'te can dostum Elvan Büküşoğlu'nun bir telefonuyla Kyäni işi ile tanıştım. Seçimlerine, kararlarına çok güvendiğim ve koşulsuz evet dediğim sevgili dostum her zamanki gibi hayatıma dokundu ve çözümü bana getirdi.

Bulunduğum ülkede henüz Kyäni işi olmadığından, ürünleri düzenli kullanabilmem ve bu işi anlayıp aktifleşmem, sekiz ay sonra 25 Temmuz'da bir aylık izine gelmemle mümkün oldu. Bu arada sponsorum Elvan Büküşoğlu'na koşulsuz evet demenin meyvalarını almıştım. Aktifleştiğimde birinci hattımda harika bir ekip vardı. Bir ay içinde Çin'de Şangay şehrinde bulunan otelimize terfi ederek gitmem gerekiyordu ama gidişimi erteledim. Kyäni işimi büyütmek için çok hızlı ve yoğun çalıştım. Sponsorumun, ailemin, akrabalarımın, dostlarımın inancı ve desteğiyle, ekibimin başarılarıyla Ağustos ayını Emerald, Kasım ayını Diamond olarak tamamladım. Çok çabuk sonuç alıp karşılığında sürekli artan bir gelire sahip oldum. Yurtdışında sağlığımı hiçe sayarak, yoğun çalışarak emek verdiğim işimde aldığım paraları kazanmak üzereydim. Ürünler sayesinde de daha sağlıklı oldum.

İşte bu benim özgürleştiğim nokta oldu. Bedenimi, ruhumu, zihnimi her yönüyle besleyebildiğim işimi bulmuştum. Karşılaştığım zorlukları keskin kararlılığımla aştım. Nereye gittiğimi önümdeki örnekler sayesinde görüyordum. Böylece uzun soluklu Kyäni yolculuğum bir ömür boyu aşkla devam etmek üzere başladı.

HAMİYET BAYRAK
DIAMOND

Merhaba Kyäni Ailem,
Hepiniz Hoş geldiniz.Ben de uzun bir aradan sonra aranıza hoş geldim. Aranızda eski-meyen dostları ve yeni dostları görüyorum.Kamp süresince inşallah daha yakından tanışma ve sohbet etme imkanımız olur.

Ben Hamiyet Bayrak, emekli yüksek hemşireyim. Yıllar boyu insanların sağlığına fayda sağlamaya çalışırken aynı zamanda kendi sağlığıma da şifa bulmaya çalıştım. Bu dönem içerisinde 27 adet ameliyat oldum. Hastanede kalma sürem, evimde kaldığım süreyle yarıştı bazı zamanlarda. Doktorların, yaşamaz deyip de inadına yaşadığım için "mucize" dedikleri insanlardandım. Oysaki tüm insanlar mucize değil miyiz? Bu sebeple "Sağlığın hayattaki en önemli şey olduğunu bilen ve buna bizzat şahit olanlardandım."

Emekliye ayrıldıktan sonra 2001 yılında ilk network firmamla çalışmaya başladım. Tanıyanlar bilir, oğlumla birlikte Türkiye ve dünyada önemli başarılar elde edip rekorlar kırdık, dünyanın birçok ülkesine gittik ve ödüller aldık. En önemlisi de üniversitede öğrenmediğim besin takviyelerinin önemini öğrenip hayatıma sokup fayda gördüm ve bunu paylaştım.

Kyäni ile 2012 Kasım ayında gene oğlum aracılığıyla tanıştım. O zamandan beri ürünlerimizi kullanıyorum ve çok memnunum. Yaptığım tek şey de bu zaten; ürünleri düzenli kullanmak ve çevreme tavsiye etmek. Az ve öz ürün olması beni en çok etkileyen şeylerden biriydi. Kullanması da anlatması da çok kolay, doktor, hemşire olmaya gerek yok anlatabilmek için :) Nitro temizliyor, Sunrise besliyor, Sunset de hem tamir hem de koruma sağlıyor. İkisinin sıvı olması gücünü daha da arttırıyor. Sonuç olarak üçü bir arada pratik sağlık koruma formülü.

Bana, pazarlama planı, pay gate, checkmatch sorsanız cevap veremem ama zaten gerek var mı? :) Backoffice benim yerime hesaplıyor bütün bunları ve primimi hesabıma yatırıyor.

Eşimi çok yeni kaybettim, zor bir dönemden geçiyorum. Öyle çok büyük bir ailem de yok. Ama çok şanslıyım, harika bir oğlum var. 1 Nisan günü, 74.yaş doğum günümdü. Ve oğlum bana tam o güne denk gelecek şekilde Diamond'lık hediye etti. Bunun mutluluğunu, gururunu ve heyecanını sizlere kelimelerle anlatmam mümkün değil...

Bana söylediği güzel bir söz, verdiği bir çiçek, aldığı hediyeler de de tabii ki çok kıymetli ama bu sefer hediyesi bir kariyer oldu. Yani 'Kyäni Diamond'lık . Peki bu benim için ne demek?

"Tek taşımı oğlum aldı" ... :) Biliyor musunuz o şarkıyı? :) Buraya gelmeden 10 gün önce yeni bir evim olması gibi maddi ödülleri bir yana öncelikle tabii ki sağlık demek, fayda görüp fayda vermek demek ve kocamaaaaaan bir ailem oldu demek, benim için yeni bir yaşam sebebi demek. Hayatıma hoşgeldiniz, iyi ki geldiniz...

Çooooook teşekkür ederim başta oğlum Hakan Dalkılıç'a ve siz kocaman Kyäni Aileme, iyi ki varsınız. Ve bir sır size: "Normal hayatta yüreğiniz zaten Diamond ise, Kyäni de de mutlaka Diamond olursunuz." Ürünleri düzenli kullanın, eğitimlerinizi alın, aldıklarınızı hemen uygulayın, elmas gibi ışıldayın ve ışıldatın, hepsi bu. Sevgiyle kucaklıyorum hepinizi...

SELDA GENÇ
DIAMOND

1973 Eskişehir doğumluyum. Ege Üniversitesi Gıda Mühendisliği mezunuyum. Buna rağmen 21 sene çeşitli havayolu şirketlerinde ve uçak bakım üslerinde 'Uçak Bakım Planlama' konusunda mühendislik, şeflik ve müdürlük görevlerinde bulundum ve halen özel bir havayolu şirketi ve Uçak Bakım üssünde çalışıyorum.

Bunun dışında A sınıfı İş Güvenliği Uzmanıyım. İnsanlara yardım, şifacılık ve kişisel gelişim konularına ilgimden dolayı NLP, EFT, Biyoenerji gibi konularda birçok kurs ve seminerlere katıldım ve katılmaya da devam ediyorum.

Çalışmayı ve üretmeyi seviyorum ve hayatımın hemen her bölümünde hep bir arayış içinde hissettim kendimi ve genelde ikinci bir ek iş yaptım. Ve yaptığım her işte de en iyilerden olmak gibi bir hırsım vardır. Yaptığım bu ek işlerin içinde hiç marketing konusu olmamıştı. Bundan dolayı Kyäni ticaretini incelerken başarılı olup olamayacağımı önceden kestirememiştim. Fakat işin içine girip eğitimleri aldıktan sonra bunun daha önce yaptığınız işlerle hiç alakası olmayan ve herkesin yapabileceği bir iş olduğunu gördüm.

Üniversite eğitimim sırasında artık yeterince beslenemediğimizi ve dışarıdan takviye vitamin ve mineral almamız gerektiğini biliyordum ancak sentetik vitaminlerin düzenli kullanımda problem teşkil edeceğini de çok iyi biliyordum ve arayış içindeydim. Ta ki Kyäni ürünlerini duyuncaya kadar. Bu ürünlerin sıvı ekstrakt olması beni o kadar etkilemişti ki, gözüm kapalı 'bu projenin içinde olmalıyım' demiştim ve iyiki o gün 'Evet' dedim, buna her gün şükrediyorum. Bir 'evet' ile pek çok insanın hayatına dokunma fırsatım oldu. Onların çoğunun bana teşekkür ve minnet bildirmeleri ise benim bu ticarete daha da sıkı sarılmamı sağladı.

Her zaman bir hayalim vardı; uzak kaldığım Gıda sektörü ile alakalı bir konuda erkek kardeşimle ortak bir ticaret kurmak istiyordum. Ocak 2016 sonunda Kyäni Ortaklık teklifi geldiğinde, bunu gerçekleştirebileceğimi hissettim. Elbette konu sağlık ve sağlıklı beslenme olduğundan, Kyäni İş ortaklığı teklifi gerçekten çok ilgimi çekmişti. Ve 1 Şubat 2016 tarihinde ticaretimi inşa etmeye başladım. Part time çalışmama rağmen; İlk ayımda Jade, ikinci ayımda Pearl, 10. Ayımda direkt Ruby olduktan sonra 13. ayımda Diamond oldum.

Elbette iki mesleğim birden olduğu için çok yoğun çalışıyorum ama başarımı Kyäni ürünleri ile profesyonel beslenmeme borçlu olduğumu biliyorum. Diamond olma sürecine kadar kendi kontakt listemden sadece 5 kişi ile el sıkıştım. Bunlardan biri erkek kardeşim biri de annemdir. Bu, Kyäni ticaretinin bir adam bulma oyunu olmadığının en net göstergesidir. Dolayısıyla Kyäni' nin eğitim ve yardımlaşma felsefesi ile liderler yetiştirme mantığına tam olarak uyarak çalıştığım ve bundan dolayı başarının ilk basamağını geçtiğimi düşünüyorum. Bu ticarete sadece Diamond olmak için gelmedim. Önümde daha renklilerinin olduğunu biliyorum ve her geçen gün tüm ekip arkadaşlarımla buna yaklaştığımızı biliyorum.

Sponsorum ve tüm ekip arkadaşlarıma sonsuz teşekkürler. Go Kyäni.

NEXT GENERATION MARKETING'İN ŞİFRELERİ

ULAŞ RECEP İNAĞ
DIAMOND

1973 AYDIN/ NAZİLLİ doğumluyum 23 yıllık ticari geçmişim var. Kyäni ile tanıştığım dönemde ortağı olduğum bir şirketim vardı. 18 yaşımdan beri çok ciddi sağlık proplemleri ile uğraşıyordum. Gıda takviyelerine karşı açık fikirliydim ve sürekli yenilikleri takip edip bu tarz ürünleri kullanıyordum.

2015 nisan ayında bir arkadaşımın tavsiyesi üzerine Kyäni ürünlerini hiç düşünmeden hayatıma soktum ve üç ay düzenli kullandım. Ürünlerin üzerimdeki etkisini gördükten sonra işi inceleme kararı aldım. Temmuz 2015 de Kapadokya'daki kampa katıldım. Kamptan döndükten sonra bu muhteşem ürünlerin ticaretini eşimle beraber yapmaya karar verdik.
Herşey bir kararla başladı. Bir ay sonra dört kariyer birden alarak Ruby kariyerine ulaştık. O ay ciddi bir kazanç elde ettik ve bir karar daha aldık. Bu iş bizim hayallerimizin ötesinde bir işti. Ve tüm işlerimi tasfiye ederek all inn olarak Kyäni yapmaya başladık. Takip eden 14. ayımızda Emerald kariyeri geldi. Kazandır ve kazan mantığıyla büyük işler yapmaya başladık ve 20. Ayımızda DİAMOND kariyerine ulaştık.
Denizli'den başlattığımız ticaretimiz şu an itibari ile 1700 kişilik bir ekibe ulaştı Kyäni bize sağlığımızı, hayatımızı ve özgürlüğümüzü geri verdi. Bizim için güzel bir yolculuktu. Bu süreçte bir çok sıkıntı çektik ama başaracağımıza olan inancımızı bir gün bile kaybetmedik. Ne olursa olsun devam ettik. Ben değil biz kavramını benimsedik ve güçlü bir takım kurduk hep beraber başardık.

Biz inanılmaz odaklandık, çalıştık, çabaladık, negatife takılmadık ve başardık. İnanın başardığınıza değecek. Bundan sonra daha büyük işler yapacağımıza inancımız tamdır.
Daha yeni başlıyoruz.

ÖZGÜRLÜK İÇİN KYÄNI'Yİ SEÇİN...

Dr. TANSEL BÜKÜŞOĞLU
DIAMOND

MERHABA DÜŞLERİNİN PEŞİNDE KOŞTURANLAR...
Aslen Antalya Akseki'den, İzmir doğumlu 27 yıllık Tıp doktoruyum. Bir dönem Sağlık Bakanlığı Müfettişliği ve Acil hekimliği yanında Akseki genlerinden gelen dürtüyle hep ticari faaliyetlerin içinde oldum. Şu anda sevgili eşimin hayali olan kafe işletmeciliğini Karşıyaka'da 8 yıldır keyifle yapıyoruz. Ayrıca iflah olmaz bir deniz tutkum ve dizginlenemez bir dünyayı gezme arzusuyla mavi gezegenin her yanında su altı fotoğrafları çeker, yelken yaparım. DÜŞLERİNİN PEŞİNDE koşan tutkulu bir adamım. Gerek Tıp ve ticari hayatım gerekse düş hayatım boyunca risklerle mücadele ederken hızlı ve kararlı olmak gerektiğini; her an her şeyin değiştiğini ve bu değişime ayak uydurabilmenin bizleri geliştirdiğini öğrendim.

Ne yazık ki bu tecrübelerim eşim Kyäni'yi önüme getirdiğinde işe yaramadı. Ürünleri inceledim, kullandım ama Kyäni vizyonunu ve ticaretteki değişimi hızlı bir şekilde fark edemedim. Kyäni ürünlerinin üzerimdeki olumlu etkilerini görmem ve sevgili eşim Elvan Büküşoğlu'nun İzmir'in ilk KYANI logolu aracını almasıyla Kyäni'nin bir TİCARET, network marketingin de değişen ticaretin yeni VİZYONU, geleceğin endüstrisi olduğunu farkettim ve işe koyuldum.

Bir yandan yakın dostlarımla olan ilişkim ve inançımla işi kurarken bir yandan da ÖĞRENMEYE odaklandım. OKUDUM, İZLEDİM, DİNLEDİM. 1000'den fazla video, sayısız kitap ve tecrübe paylaşımını günler aylar boyunca devamlı olarak hala anlamaya öğrenmeye ve öğretmeye çalışıyorum. Bu sürecin bana sürekli, artan ve keyfli bir KİŞİSEL GELİŞİM sağladığının da farkındayım.

Yakın dostlarımla başladığım işimde sevgili eşim ve liderim ELVAN'nın izinde 9. ayımda Diamond oldum. Bu yıl sonuna kadar binlerce insanın sağlığına ve hayatına dokunarak ekip arkadaşlarımdan en az bir Blue Diamond, altı Diamond çıkarmak için var gücümle çalışacağım. Çünkü bunun bir İNANÇ ve SÜREÇ işi olduğunun farkındayım. Gelecekte başımıza geleceklerden heyecan duyuyorum. Neyi istersek neyi söylersek başımıza onun geleceğini biliyorum.

Kyäni Besin Tamamlayıcılarına hepimizin ihtiyacı var mı? Kesinlikle Evet. Kyäni işi kolay bir iş midir? Herkes yapabilir mi? Kesinlikle hayır. Çünkü bilmediğimizi kabul edip ÖĞRENMEMİZ gereken, istisnasız her zaman DÜRÜST davranmamız gereken, çünkü VERDİĞİMİZ SÖZÜ istisnasız her zaman yerine getirmemiz gereken, çünkü hayatınızdaki bazı şeylerden bir dönem FEDAKARLIKTA bulunması gereken bir iştir. Kolay değildir fakat hayatımda koyduğum emeğin karşılığını fazlasıyla aldığım, şimdiye kadarki ticari faaliyetlerimin çok üstünde gelir elde ettiğim, dostlarımla keyifle yaptığım en KOLAY, en SAYGIN iştir.

Düşünün bir kere... ULUSLARARASI bir iş yapıyorsunuz. Hiç bir RİSK taşımıyorsunuz. Sürekli artan bir GELİR kazanıyorsunuz. Binlerce insanın hayatına DEĞER katıyorsunuz. Ve en önemlisi sağlığınızı koruyorsunuz. Bunların hepsini Kyäni ürünleri ve ödeme planıyla yapıyorsunuz. Kyäni ürünleri insanların bedensel ve ruhsal sağlığı üzerinde koruyucu hekimlik yaparken bir yandanda farkedilir bir şekilde sağlığımızda olumlu değişiklikler yapmaktadır.

Kendimiz, ailemiz, çevremiz ve hiç tanımadığımız kişiler için daha sağlıklı, zengin ve keyifli bir hayatı gerçekleştirmemize olanak sağlayan KYÄNİ'ye teşekkür ediyorum. Tanımaktan keyif aldığım eski ve yeni tüm dostlarıma ve Düşlerinin Peşinden koşan EKİP ARKADAŞLARIMA teşekkür ediyorum.
KYÄNİ DAHA YENİ BAŞLADI...

NEXT GENERATION MARKETING'İN ŞİFRELERİ

Dr. NURİ HAKSEVER
DIAMOND

Endokrinoloji ve metabolizma hastalıkları doçentiyim ve özellikle performans artırma ve sağlıklı yaşam alanında çalışan bir hekimim. Hem öğretim üyeliği yaptım, hem de hastanelerde idareci olarak çalıştım. Hem klinik açıp özel işletmecilik de yaptım ve hala muayenehanemde çalışıyorum. Özel ilgi alanım sağlıklı ve performansı yüksek bir yaşamı sağlamaktır.

Yapılanı sadece sonucu ile değerlendirmeyen, bunun yanında neden yapıldığı, nasıl yapıldığı ve gerçek anlamda hangi mekanizma ile ortaya çıktığını inceleyen bir düşünce yapısına sahip olduğum için gerçek sağlığın ve sağlıklı yaşamanın yollarını da bilinenin dışında ararım.

Omega-3, Noni, magnezyum başta olmak üzere birçok vitamin, mineral, antioksidan ve fitokimyasalların sağlığımız üzerindeki etkilerini bizzat gözlemledim. Bu nedenle "Beslenmenin kırmızı kitabı- Siz yediklerinizsiniz" adlı 2010 yılında yazdığım bir kitap serisinin ardından 2015 yılında "Şimdi uyanma zamanı" adlı kitabımda gerçek iyileşmenin nasıl olması gerektiğini yazdım.

2016 yılında yazdığım "Hak ettiğin gibi yaşa- Daha genç daha sağlıklı daha mutlu" kitabımda da yaşam ilkelerini paylaştım.

Sağlıklı su içmenin önemini kavrayınca birey-çevre etkileşimi denen kavramı anladım. Bu kavramı sağlık alanından hareketle ekonomik ve sosyal hayatımızda da uygulayınca başarının arttığını tespit ettim. Bilgi ve sevgi paylaşıldıkça azalmayan aksine artan en değerli iki faktördür. Gerçek sağlık için birçok kişinin hala farkına varmadığı beslenme ve bunun anlayacak farkındalığın gelişmesinin önemli olduğunu anladıktan sonra karşıma çıkan ürünleri önce kendi hayatımda, sonra sevdiklerimin hayatında denedim ve sonuç aldım.

Gerisi çorap söküğü gibi geldi. Bilgiyi paylaşınca ortaya zenginliklerin çıktığını görünce ne yaparsınız? Bilgi kıskançlığı mı yoksa paylaşımı mı? Ben dostlarımla birlikte bilgiyi ve deneyimimizi paylaşıyoruz ve hayatımıza sağlığı, zenginliği ve dengeyi getiriyoruz.

Özetle bir hekim olarak sürdürdüğüm meslek hayatımda farkındalığımı geliştirdikten sonra öğrendiklerimin rehberliğinde çevremizde daha etkili bir birey olarak sadece sağlık alanında değil, felsefe, düşünce, ekonomi ve iyi bir insan olma yolunda da fark yaratma becerisi edinmek ve bunun yaygınlaşmasını sağlamak hayalimi gerçekleştiren bir fırsatı yok sayma veya görmeme hatasına düşemezdim. Egosunu kontrol edebilen bir bireyin ön yargılarından kurtulduğu zaman başarılı olduğunu da gördüm. Şimdi her konuda zenginliğimizi artırmak için sevdiklerimizle beraber hoş bir yolculuk yapıyoruz geleceğimize doğru...

Şu anda ara basamaklardayız. Yolun sonuna kadar yolculuğumuzu sevdiklerimizle birlikte sürdüreceğiz. Beraber çalışmaktan onur duyduğum yol arkadaşlarım le tüm insanlara örnek olacak harika bir takım oluşturuyoruz. Bu takıma katılmanın ayrıcalık ve bir şans olduğu bilinci içinde katma değer sağlayacak yeni arkadaşlarımızın da hayat kalitelerinde yükselme sağlayacağız.

İnsanların çoğunun vizyonu yoktur ve ancak sosyal kanıtla inançlarını geliştirebilirler. Biz de bu gerçeği bildiğimiz için insanlardan herkesin zannettiği gibi bir şey istemiyor, aksine onlara birçok şey veriyoruz. Cömertçe paylaşımın sonucu kazançtır. Biz de kazanıyoruz hep birlikte.

IŞIL GEZER
DIAMOND

Merhabalar,

İzmir'de Avukatlık yapıyorum. Uzmanlık alanım vergi ve şirket danışmanlığı üzerine. Bornova Anadolu Lisesi (BAL) mezunuyum. Üniversiteyi İstanbul'da okudum ve sonrasında eğitimimi Londra'da tamamladım.

Kyäni ile ilk tanışmam tamamen sağlık odaklıydı. Beni tanıyanlar beslenme ve sağlık konusunda ne kadar hassas olduğumu bilirler. İlk olarak doktor tavsiyesi ile ürünleri kullandım. Müthiş fayda gördüm ve araştırmaya karar verdim. Tabii benimki sıradan bir araştırma değildi. Şirket yapısını mali müşavirlerle inceledim. Ürünleri de gerek yurt içi ve gerekse yurt dışındaki doktor arkadaşlarımın da desteğini alarak araştırdım. Sonuç kusursuzdu. Bu sayede sadece ürün kullanıcısı olmakla kalmayıp profesyonel olarak Kyäni ticaretine katılmaya karar verdim. Bu kararı verdikten sonra ilk iş kurucu ekibi oluşturmak oldu. Bu çok önemliydi. Bu sayede rekorlar kıran "TEAM OSCAR" doğdu. Ekibime dahil olan iş ortaklarıma karşı kendimi hep sorumlu hissettim ve daha çok onların başarılarına odaklandım. Benim itici gücüm "fayda yaratmak" idi. Bu daha sonra bana da başarıyı getirdi. Sonuç: 3 günde Saphire,11 günde Ruby, 1 AYDA EMERALD ve 2 AYDA DIAMOND kariyerine gelmek oldu. Bunu ekibimle birlikte başardık.

Aslında baktığınız zaman birçok insanın yıllarca eğitim alarak ve çalışarak ulaşmak istediği konfora, statüye ve standartlara sahiptim. Tüm bunlara rağmen Kyäni ticaret modeli beni müthiş heyecanlandırdı. Ve şimdiyse geldiğim noktada kendi mesleğim kadar değer verdiğim bir iş yapıyorum. Bu iş bana çok şeyler kattı ve katmaya da devam ediyor. En basitinden müthiş dostluklar ve bu dostlarla keyifli, eğlenceli paylaşımlar kazandım. Yani dostlarımla zaman geçiriyorum, eğleniyorum, öğreniyorum. Ve bunun zamanlarını ben seçiyorum. Bunun adı da iş!!! Bu sizce de müthiş değil mi? Birçok insanın hayatına doğru dokunabildiğimi fark ettim. Sağlık, zaman ve kazanç olarak. Aslında yaptığım şey tam olarak şuydu: Gerçekten olmak istediğim kişi, ya da yapmak istediğim şeyler yönünde gelişmek üzere kendimi özgür bıraktım.

Sağlıksız bir yaşama sürükleniyoruz. Ve bunların tümü gözlerimizin önünde oluyor. Yine de istediğimiz kadar zamanımız ve tüm çözümlerimiz varmış gibi davranıyoruz. Bu hepimizin geleceğini ilgilendiren bir konu. Ben insanları ve geleceği önemseyen biriyim. Evet bu düzeni tamamen değiştirecek gücüm ve net bir çözümüm yok. Ama bize dayatılan bu sistemin parçası olmayı reddetme özgürlüğüm var. Ve ben reddediyorum. Sistem her ne kadar tekdüze, hastalıklı nesiller türetmek üzere kurulu olsa da ben Wellness sektörünün gönüllü çalışanı olarak sağlıklı nesiller için çabalayacağım. Yel değirmenine savaş açtık Don Kişot misali. Hadi cesur insanlar, katılın bize!

Vizyon, siz odaklanana kadar hayalinizdir. Çalışın ve onu işe yarayacağı yer olan hayatınıza katın. Ben bu vizyonu görüyorum, umarım siz de görebilenlerden olursunuz.

Öğrendiklerinizi çevrenizdekilere anlatmakla yetinmeyin. Önce kendiniz yapın. Çünkü;

SÖYLEDİĞİNİZ DEĞİL, YAPTIĞINIZ ŞEYSİNİZDİR!

NEXT GENERATION MARKETING'İN ŞİFRELERİ

YALÇIN EKMEKÇİ
DIAMOND

Sevgili Kyäni Ailem,
1983 yılında Denizli'de doğdum. İlköğretim ve lise eğitimlerimi Denizli'de aldıktan sonra, Anadolu Üniversitesi Kamu Yönetimini 2. Sınıfta bırakarak ticarete başladım.

Şu an Antalya'da ikamet etmekteyim. Evli ve 2 çocuk babasıyım. Uluslararası birçok firmada üst düzey yöneticilik yaptım. Bunlardan en çok ticari eğitimime destek olan UNILEVER olmuştur. 2013 yılında maaşlı işlerden sıkılıp kendi ticaretimi yapmaya karar verdim ve Antalya Etiket ve Barkotlama Sistemleri'ni kurdum.

Kendi yaptığım ticaretin hiçbir zaman benden bağımsız gitmeyeceğini ve tüm işlerin benim eforuma bağlı olduğunu düşünüyordum. Farklı bir arayış içerisindeydim.

10.05.2016 yılında Kyäni ticareti ile tanıştığımda bu ticaretin risksiz, sağlıklı, güzel kazançlı ve klasik ticaretten önemli farkları olduğunu anlamıştım.

Bu ticarete başladığımda yapılmaması gereken ilk ve en büyük hatalardan birisini yapmıştım.

Kyäni ticaretini anlattığım daha doğrusu anlatmaya çalıştığım ilk 10 arkadaşım bana HAYIR demişti. İnanılmaz bir motivasyon bozukluğu ve hayal kırıklığına uğradım. Hâlbuki sponsorum Yakup Güngör bana sadece eğitimlerimi alıp kimseye işi anlatmamam gerektiğini söylemişti.

3 gün sonra kendisiyle yaptığımız saha çalışması akabinde bu arkadaşlarımdan bazılarını Kyäni ticareti ile buluşturmuştuk. Şu an 10 arkadaşın 9 tanesi ile iş ortağıyız. :)

13 günde Safir, ilk tam ayımda Ruby, 9. Ayımda Emerald ve 10. Ayımda Diamond kariyerine ulaştım. Bu yolculukta tüm ekip arkadaşlarıma sonsuz teşekkürlerimi sunuyorum. Bunlar daha başlangıç. Daha gidecek çok yolumuz var.

Goo Kyäni...

ELİF KARAKIŞLA
DIAMOND

Boğaziçi Üniversitesi İşletme Bölümü'nden mezun olduktan sonra önce bankacılık, peşinden Hürriyet Gazetesi'nde uzun yıllar reklam grup müdürlüğü yaptığım yaklaşık 10 yıllık harika kurumsal kariyerimi noktalayıp, bildiğim ne varsa kanatlarıma yükleyip kendi işimi kurdum.

Türkiye'nin en fazla takip edilen ve en yüksek cirolarından birini üreten güzellik merkezlerinden biri Melissima'nın sahibiyim. Erenköy Bağdat Caddesi'nde iki katlı, 20'e yakın uzman kadrosu ile hizmet veren bir merkezim var.

Girişimcilik hayatına atıldığım dönemi takip eden zaman içinde uluslararası girişimciler birliği BNI - Business Network International iş yönlendirme girişimciler platformunun direktörlerinden biri oldum. Yaklaşık 3 yıllık görev sürem içinde 2 tane Dünya çapında ödül aldım Ve kurucusu Ivan Misner'ın elinden ödüllerimi almak Ve eğitimi zenginleştirmek için Los Angeles'ta bulundum.

Öte yandan yaklaşık 2 Yıldır kolaylaştırıcı düşünce ve bilinç sistemi Access Consciousness eğitimleri veriyorum.

Şimdiye dek biriktirdiğim altın değerinde networküm, satış pazarlama iletişim üzerine aldığım eğitimler ve liderliğe dair öğrendiğim kullandığım ne varsa üzerine ekleyebileceğim neler olabilir diye soru sorduğum günlerde karşıma çıkan Kyani teklifini değerlendirdim ve ticaretin ilk haftalarında Sapphire oldum.

Türkiye'nin en başarılı bankacılarından eşim Barbaros Karakışla'nın, dreamteam sistemindeki eğitim videolarını onunla paylaşmam Ve ciddiyetle yaptığı incelemeler İle bana katılması ile ilk ayımızda Ruby, ikinci ayımızda Emerald kariyerine ve altıncı ayımızda ise Diamond kariyerine el ele, bize güvenen iş ortaklarımızla ulaştık.

Takip eden dönem içinde Texas'ta yapılan Fleuresse lansmanına ve Viyana'da düzenlenen Avrupa buluşmasına katıldık. Katıldığımız bu iki uluslararası kamp, bu işle ilgili Omega3'e rağmen uykularımı kaçırır oldu.

Bu dünya devi ailedeki tüm liderler beni ayrı ayrı heyecanlandırıyor. Her birinden ilham almak müthiş.

Bir insanın yaşlanmaya karşı alabileceği en güçlü sağlık destek sistemini yakalamış olmak çağın işidir.

Benim vizyonum multilevel marketing dalında tüm Türkiye'de en bilinen kadın olmak.

Ekonomi dergilerinin kapağında olmak Ve bu iş hakkında daha fazla kişide farkındalık yaratmak istiyorum.

Red Diamond kariyerine ulaştıktan sonra akıllı, çalışkan, hedefleri olan maddi olanakları kısıtlı genç kızlarımıza ve çalışma imkanı elde edememiş ya da bırakmak zorunda kalmış kadınlara özel programlar ile ticaretlerini birlikte kurmak ve onları liderleştirmek üzere geniş zaman ayırmayı planlıyorum.

Bu iş ailece yapılabilecek en güzel iştir. Dahil olan tüm dostlarımız hoşgeldiniz. Şimdi servet yaratma zamanı. Birlikte neler mümkün?

NEXT GENERATION MARKETING'İN ŞİFRELERİ

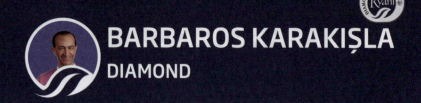

BARBAROS KARAKIŞLA
DIAMOND

1976 yılında Robert College'den mezun olduktan sonra , Boğaziçi Üniversitesi İşletme Bölümü'nden 1981 yılında Lisans ve 1983 yılında ise Yüksek Lisans derecelerini aldım.

Toplam 36 yıllık profesyonel iş hayatımın 30 yılını bankacılık sektöründe üst düzey yönetici olarak yaşadım. Bu sürecin ilk 10 yılında Banque Indosuez ve Bank of Boston'da Kurumsal Bankacılık kariyeri yaptım.

1995 yılında Citibank'ın Türkiye'de Bireysel Bankacılık faaliyetini başlatma kararı ile birlikte kurucu ekipte Genel Müdür Yardımcılığı görevinde bulundum.

Daha sonra sırasıyla Interbank, TEB , Akbank ve Denizbank kurumlarında Bireysel Bankacılıktan sorumlu Genel Müdür Yardımcısı olarak görev yaptım. Daha sonra Deutsche Bank'ın Perakende Bankacılıktan sorumlu Ülke Başkanlığı görevinde bulundum.

Profesyonel hayatının son 3 yıllık döneminde Birleşik Arap Emirlikleri'nde üst düzey bankacı olarak görev aldım ve Eylül 2016'da Türkiye'ye kesin dönüş yaparak profesyonel iş hayatıma son verdim.

Ekim 2016 tarihinde Kyâni'ye üye kaydımı yaptım ve Kasım ayı içinde işi inceleyerek Kasım sonu itibariyle Kyâni işimizi All in olarak geliştirmeye karar verdim.

Hali hazırda tam zamanlı olarak ekibimizin lider yetiştirme programını yönetmekte, ekiple birlikte strateji belirlemekte ve ekipteki iş ortaklarımıza coaching ve mentorluk yapmaktayım.

Ekibimizin de büyük desteği ile 2'nci ayımızda Emerald ve 6'ncı ayımızda Diamond kariyerine ulaştık...

MURAT AKGÜL
DIAMOND

Merhaba Kyäni Ailem,

Safranbolu'da yaşıyorum. 42 yaşındayım. Lise mezunuyum, üniversite okumadım. Sebebi ticarete olan merakımdı ve 95 yılından bu yana ticaret ile uğraşıyorum.

Şu ana kadar 11 adet farklı iş girişimim oldu ve hepsinde başarısız oldum. İyi niyet ve klasik ticaretin zorluklarından dolayı çok para ve zaman kaybettim. En son işim olan çiğköfte dükkanının işletirken sevgili liderim Yalçın Kavlak sayesinde 2016 yılı nisan ayında ürünleri alarak tanıştım Kyäni işiyle.

Karar verip işe başladığım tarih 2016 ağustos ayı ve aynı ay hiçbir kariyerim yokken ay sonunda 'Emerald' kariyerine ulaştım.

Sonrasında bir karar daha verip çiğköfte dükkanımı şubat 2017'de kapattım ve Kyäni işini tam zamanlı olarak yapmaya başladım.

90 günlük oyun planına girerek, nedenlerimi ortaya çıkarttım. Mayıs ayında çok sıkı çalışarak günde en az 10 sunum ve iyi bir planlama yaparak ay sonunda 'Diamond' kariyerine ulaştım.

Bundan sonra hayatı sağlı - varlık - zaman üçlüsünü tam anlamıyla yaşayarak geçireceğim. İyi ki varsın Kyäni...

BU KİTAPTA SİZ DE YERİNİZİ ALMAK İSTER MİSİNİZ? ÖNÜMÜZDEKİ AYLARDA BİR ÇOK YENİ DIAMOND'UMUZ DAHA GELECEK... NEDEN BUNLARDAN BİRİ SİZ OLMAYASINIZ?

NEXT GENERATION MARKETING'İN ŞİFRELERİ